Ying Sun

Beschaffung in China

Ein Ratgeber für optimale Verhandlungen mit chinesischen Lieferanten

AUSSENHANDELSPOLITIK UND -PRAXIS

Herausgegeben von Prof. Dr. Jörn Altmann

ISSN 1614-3582

3 *Jürgen Neuberger*
Gesellschaftsformen in Europa und den USA im Vergleich
ISBN 3-89821-311-0

4 *Thomas Steffen*
Japan im Wandel
Chancen, Risiken und Erfolgsfaktoren für ausländische Unternehmen
ISBN 3-89821-298-X

5 *Thomas Wölfel*
Marken- und Produktpiraterie
Eine Studie zu Erscheinungsformen und Bekämpfungsmöglichkeiten
ISBN 3-89821-284-X

6 *Imke Heinrich*
Markenführung als strategischer Erfolgsfaktor
ISBN 3-89821-351-X

7 *Albrecht Neumann*
Kulturspezifische Probleme in deutsch-russischen Wirtschaftsbeziehungen
Das Beispiel Siemens Business Services in Moskau
ISBN 3-89821-408-7

8 *Tanja Fuß*
Negotations with the Japanese
Overcoming Intercultural Communication Hurdles
ISBN 3-89821-420-6

9 *Verena Ohms*
Rechnungslegung national und international
Eine vergleichende Darstellung der Rechnungslegungsgrundsätze nach HGB und IFRS
ISBN 3-89821-520-2

10 *Verena Ohms*
Konzernabschlüsse national und international
Eine vergleichende Darstellung der Konzernrechnungslegung nach HGB und IFRS
ISBN 3-89821-521-0

11 *Astrid Zippel*
EU-Förderprogramme für kleine und mittelständische Unternehmen
Ein Ratgeber
ISBN 3-89821-704-3

12 *Nicole Daiker*
Risikomanagement im Zollbereich
unter besonderer Berücksichtigung des zugelassenen Wirtschaftsbeteiligten
ISBN 978-3-89821-897-9

Ying Sun

BESCHAFFUNG IN CHINA

Ein Ratgeber für optimale Verhandlungen mit chinesischen Lieferanten

ibidem-Verlag
Stuttgart

Bibliografische Information der Deutschen Nationalbibliothek
Die Deutsche Nationalbibliothek verzeichnet diese Publikation in der Deutschen Nationalbibliografie; detaillierte bibliografische Daten sind im Internet über http://dnb.d-nb.de abrufbar.

Bibliographic information published by the Deutsche Nationalbibliothek
Die Deutsche Nationalbibliothek lists this publication in the Deutsche Nationalbibliografie; detailed bibliographic data are available in the Internet at http://dnb.d-nb.de.

∞

Gedruckt auf alterungsbeständigem, säurefreien Papier
Printed on acid-free paper

ISSN: 1614-3582

ISBN-10: 3-8382-0002-0

ISBN-13: 978-3-8382-0002-6

Printed in Germany

Inhaltsverzeichnis

1 Einleitung

Wie können deutsche Einkäufer in China Verhandlungen mit chinesischen Lieferanten zu einem optimalen Ergebnis führen? Mit dieser Fragestellung beschäftigt sich die vorliegende Studie. Die weltweite Beschaffung („global sourcing") ist wegen des starken Kostendrucks zum Trend geworden. China als eine der interessantesten Beschaffungsquellen zieht immer mehr deutsche Unternehmen an. Die Beschaffung nach China auszuweiten hat natürlich nicht nur viele Vorteile, sondern birgt auch gewisse Risiken. Nur wenn Unternehmen die Chancen ebenso gut wie die Risiken kennen, können sie von ihnen profitieren.

Traditionell spielt Beschaffung im Unternehmen eine eher untergeordnete Rolle. Unter dem Begriff Beschaffung werden die operative und die strategische Beschaffung gefasst. Das zweite Kapitel dieser Studie wird sich hauptsächlich mit operativer Beschaffung befassen. Hier wird zuerst ein Überblick über die Grundlagen der Beschaffung gegeben. Zur operativen Beschaffung gehören Bedarfsermittlung und Bestandskontrolle sowie die Lieferantenauswahl.

Im dritten Kapitel wird die strategische Beschaffung beschrieben. Im Vergleich zur operativen Beschaffung ist die strategische Beschaffung mehr wertschöpfungs-, prozess- und partnerorientiert.

Das vierte Kapitel beschäftigt sich mit dem Fokus der vorliegenden Studie – der „optimalen Verhandlung". Zuerst wird ermittelt, was der deutsche Einkäufer für die Verhandlung vorbereiten sollte, bevor er nach China reist. Es ist für den deutschen Einkäufer notwendig, die chinesische Kultur, Mentalität, Denkweise und Philosophie zu kennen, um erfolgreich verhandeln zu können. Wie es schon in Sun Tzus Credo heißt:

> „Wer sich selbst und seinen Gegner gut kennt, kann hundert Schlachten gewinnen."

Während der Verhandlung sollte der Einkäufer immer an das Ziel „Aufbau der Win-Win-Beziehung" denken und seine Verhandlungsstrategie immer mit diesem Ziel abgleichen. Dabei sollte er unbedingt auf wichtige Erfolgsfaktoren der Verhandlungsführung mit Chinesen achten, wie etwa auf das Verhalten bei Begrüßung, Geschäftsessen, Diskussionen und Streitfällen. In Streitfällen sollte der Einkäufer sich beispielsweise möglichst diplomatisch verhalten, damit die Harmonie nicht verletzt und das Gesicht des chinesischen Verhandlungspartners gewahrt bleibt.

Im fünften Kapitel werden die Kernpunkte der vorliegenden Studie zusammengefasst und wichtige Ratschläge für die Verhandlungsführung mit Chinesen gegeben.

2 Grundlagen der Beschaffung

Im Folgenden werden zuerst der Begriff und das primäre Ziel der Beschaffung erläutert. Dann wird ein kurzer Überblick über die Bedeutung der Beschaffung im Versorgungsmanagement gegeben und danach werden die Beschaffungsarten sowie der operative Beschaffungszyklus vorgestellt.

2.1 Der Begriff der Beschaffung

Arnold definiert Beschaffung wie folgt:

> „Beschaffung umfasst somit sämtliche unternehmens- und / oder marktbezogene Tätigkeiten, die darauf gerichtet sind, einem Unternehmen die benötigten, aber nicht selbst hergestellten Objekte in der richtigen Qualität und am richtigen Ort verfügbar zu machen."[1]

Zur weiteren Präzisierung der Beschaffung soll zunächst geklärt werden, welche Objekte von Unternehmen nachgefragt werden, d.h., ob der Aufgabenbereich der industriellen Beschaffung alle Objekte oder nur Teilbereiche umfassen soll. Normalweise benötigen Unternehmen folgende Beschaffungsobjekte[2]:

- Sachgüter
- Dienstleistungen
- Arbeitskräfte
- Rechte
- Informationen
- Kapital

---

1 U. Arnold: *Beschaffungsmanagement*. 2. Auflage, Stuttgart, 1997, S. 3.

2 Vgl. ebd.

Sachgüter sind entweder natürliche Ressourcen wie Rohstoffe oder Ergebnisse von Produktionsprozessen. Sachleistungen[3] können mobiler oder immobiler Art sein und in Konsumtiv- und Produktivgüter eingeteilt werden. Konsumtivgüter sind diejenigen Sachleistungen, die in Konsumtivbetrieben bzw. privaten oder öffentlichen Haushalten eingesetzt und verwendet werden.

Industrielle Unternehmen interessieren sich besonders für Produktivgüter. Produktivgüter gehen unverändert oder nach Bearbeitung direkt in die Erzeugnisse ein (wie z.B. Rohmaterial, Komponenten, Vorprodukte) oder werden zu ihrer Produktion verbraucht (wie Hilfs- und Betriebsstoffe). Die vorliegende Studie wird sich hauptsächlich auf Produktivgüter im Bereich Maschinenbau konzentrieren, z.B. auf Teilkomponenten (wie Wellen, Rollenbahnen), für deren Fertigung ein entsprechendes technisches Know-how gefordert ist.

Die Aufgabe der Beschaffung ist nicht nur, die zur Produktion notwendigen Einsatzgüter störungsfrei bereitzustellen, sondern auch die Beschaffungskosten zu minimieren: „Dieses generelle Beschaffungsziel der Minimierung von Einstandspreisen und Bezugskosten bestimmt letztlich jedes Handeln im beschaffungswirtschaftlichen Bereich."[4]

2.2 Versorgungsmanagement

Die Beschaffung bildet den Kernbereich des Versorgungsmanagement[5] (engl. „supply management"). Als funktionales Subsystem eines Unternehmens wird das Versorgungsmanagement gekennzeichnet (Abbildung 1).

---

3 W. Pfeiffer, P. Bischoff: *Investitionsgüterabsatz. Handwörterbuch der Absatzwirtschaft*. Stuttgart, 1974, S. 918-938.

4 H. Stark: *Beschaffungsführung*: Grundlagen marktkonformen und zielorientierten Verhaltens in der Beschaffung. Stuttgart, 1973, S. 4.

5 A. Kuthe: *Beschaffung* unter www.infoportal.fh-nuertingen.de, 2003, SS, S. 1.

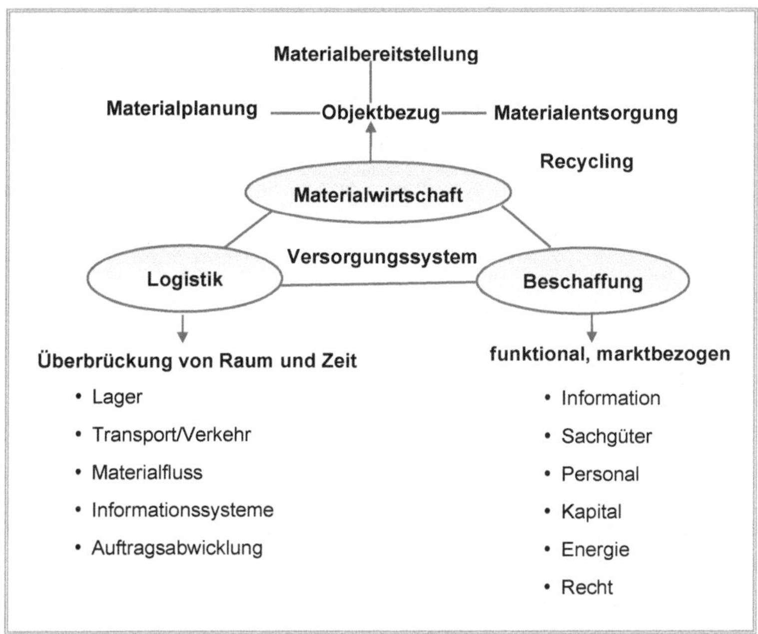

Abbildung 1: Versorgungssystem[6]

Die drei Teilbereiche der Abbildung 1 stellen unterschiedliche Sichtweisen des gleichen Problems dar, nämlich der störungsfreien und effizienten Versorgung eines Unternehmens mit materiellen Inputfaktoren. „Während Beschaffung funktional und marktbezogen betrachtet wird, steht bei der Logistik die Überbrückung von Raum und Zeit im Vordergrund."[7] Dazu gehören die Verringerung der Bestände, die Sicherung hoher Lieferbereitschaft und die bestmögliche Kapazitätsauslastung. Die Materialwirtschaft umfasst sämtliche Vorgänge innerhalb der Unternehmen, d.h., die benötigten Objekte werden wirtschaftlich bereitgestellt: in der erforderlichen Menge, zu einer definierten Zeit, am richtigen Ort und zu niedrigen Kosten. Materialwirtschaft dient dem Ziel, ein wirtschaftliches Optimum zu erreichen[8]. Beschaffung, Materialwirtschaft und Logis-

---

6 U. Arnold: *Beschaffungsmanagement*. 2. Auflage, Stuttgart, 1997, S. 9.

7 U. Arnold: *Beschaffungsmanagement*. Stuttgart, 1995, S. 8.

8 U. Arnold: *Beschaffungsmanagement*. 2. Auflage, Stuttgart, 1997, S. 8.

tik sind Bestandteile des Versorgungssystems und müssen im Zusammenhang betrachtet werden, weil die Aufgabenbereiche Disposition und Beschaffung, Lieferantenauswahl und Materialfluss, Lagerhaltung und Materialbereitstellung eng miteinander verbunden sind.

Allgemeine Ziele des Versorgungsmanagements eines Unternehmens sind wie folgt[9]:

- Versorgungssicherungsziel
- Kostenreduzierungsziel und
- Qualitäts- und Leistungsverbesserung

Welche Zielkategorie im Versorgungsmanagement vorrangig behandelt werden sollte, ist abhängig von der gewählten Wettbewerbsstrategie, die aus den Unternehmenszielen abgeleitet wird. Eine Zielkategorie kann die Kostenführerschaft sein. Bei einer derartigen Wettbewerbsstrategie orientiert sich das Versorgungsmanagement am Ziel der Kostenreduzierung. Alle Maßnahmen werden an Effizienzkriterien gemessen. Die Preise der Lieferanten werden für die Einkäufer und Beschaffungsmitarbeiter zum wichtigsten Entscheidungsparameter. Um Kosten zu reduzieren, also einen Preisvorteil zu erzielen und damit wettbewerbsfähig zu bleiben, kaufen viele deutsche Unternehmen Rohstoffe oder Teilkomponenten im Ausland.

Wo und wie ein Beschaffungsprozess im Ausland abläuft und wie sich die Bedeutung der Beschaffung im Versorgungsmanagement entwickelt hat, soll noch in späteren Kapiteln vorgestellt werden.

---

9 M. E. Porter: *Competitive Strategy*. New York, 1980, S. 62.

2.3 Beschaffungsarten

In diesem Abschnitt wird ein Überblick über die Beschaffungsarten gegeben. Zu dem Thema „Beschaffung in China" ist es wichtig zu wissen, welche Beschaffungsarten für die Beschaffung in China gut geeignet sind.

Beschaffungsarten werden hauptsächlich in drei Gruppen klassifiziert[10]:

a) Einzelbeschaffung im Bedarfsfall (z. B. Sondermaschinen)

Hier geht es um kundenorientierte Einzelfertigung, d.h. Unternehmen kaufen die für die Gütererzeugung benötigten Materialien bzw. Komponenten nur im Bedarfsfall.

b) Bedarfs- / fertigungssynchrone Beschaffung (z.B. Just-in-Time)

Die Voraussetzung hierfür ist, dass der Bedarf über einen längeren Zeitraum regelmäßig sein muss. Der Lieferant verpflichtet sich, Material über einen längeren Zeitraum zu liefern.

c) Beschaffung mit Vorratshaltung

Bei dieser Beschaffungsart hat das Unternehmen ein minimales Versorgungsrisiko, gute EK-Konditionen und sichert damit seinen Produktionsprozess und seine Lieferbereitschaft. Überdies können Preisschwankungen am Markt positiv genutzt werden. Für die Vorratshaltung werden natürlich Lagerfläche und Lagertechnik benötigt, was zu entsprechenden Raum- und Lagerkosten bzw. Lagerzins führt, also eine relativ hohe Kapitalbindung verursacht. Heutzutage wird diese Beschaffungsart von vielen deutschen Unternehmen sehr häufig gewählt, weil sie verstärkt im Ausland bzw. weltweit einkaufen, um Kos-

---

10 F. Klug: *Beschaffungslogistik* unter www.bw.fh-muenchen.de/getdokuments.php?dokumentid=240, S. 155-164.

ten zu reduzieren und wettbewerbsfähiger zu bleiben. Damit geht häufig ein Transport über große Entfernungen einher.

Im Vergleich zu der Beschaffungsart b) sind die Beschaffungsarten a) und c) interessanter für das Thema der vorliegenden Studie.

2.4 Operative Beschaffung

Nachdem ein Überblick über den Begriff Beschaffung gegeben wurde, wird in diesem Abschnitt beschrieben, wie der Beschaffungsprozess im Allgemeinen abläuft.

„Zu der operativen Beschaffung gehören Bedarfsermittlung und Bestandskontrolle sowie die Lieferantenauswahl. Darüber hinaus sind der Bestellvorgang selbst, die Überwachung der Bestellung und die Zahlungsabwicklung Bestandteile der operativen Beschaffungsfunktion.“[11] Abbildung 2 zeigt einen allgemeinen operativen Beschaffungszyklus:

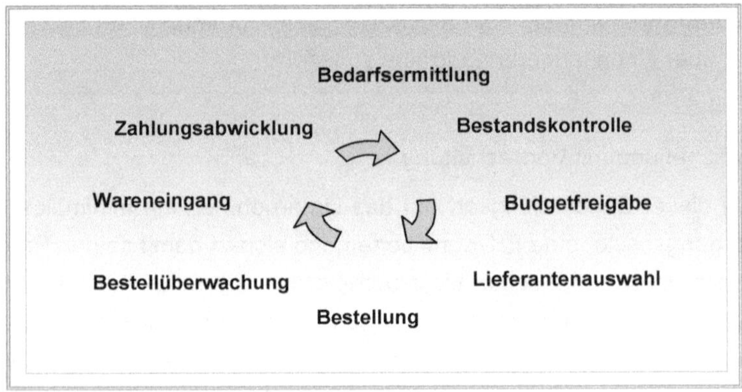

Abbildung 2: Operativer Beschaffungszyklus[12]

---

[11] C. Krätschmer: *Logistische Aspekte einer zentralen/dezentralen e-Procurementabwicklung für eine Region* unter http://www.hausarbeiten.de/faecher/vorschau/34763.html

[12] M. Röll: *Einführung in E-Business* an der Berufsakademie Dresden unter

Zuerst wird der Bedarf an Teilkomponenten für die Endproduktion ermittelt. Die Bedarfsermittlung ist verbrauchsorientiert und beruht auf den Bedarfswerten der Vergangenheit. Sie wird auch als Bedarfsvorhersage bezeichnet. Wie viele notwendige Teilkomponenten zur Endproduktion tatsächlich einzukaufen sind, hängt zudem noch vom aktuellen Lagerbestand und dem restlichen Budget ab.

Eine Bestellung umfasst in der Regel Artikel, Menge, Preis, Lieferzeitpunkt und -ort. Wie bereits erwähnt wurde, sind die Bereiche Disposition und Beschaffung eng miteinander verbunden. Die Beschaffung eines Artikels wird durch die Materialdisposition angestoßen, welche eine Bestellanforderung auslöst. Die Bestellung erfolgt bei einem Lieferanten, der in aller Regel bereits bekannt ist und mit dem häufig auch ein Rahmenvertrag besteht. Jedes Unternehmen hat eigene spezielle Beschaffungsvorschriften. Z.B. wird bei einigen Beschaffungsverfahren vorgeschrieben, dass der Lieferant den Lagerbestand online überwacht und beim Unterschreiten des Bestellbestandes die fehlenden Waren unaufgefordert nachliefert. Nachdem die bestellten Waren im Unternehmen eingegangen sind, kann die Zahlung der entsprechenden Rechnung gemäß der Vereinbarung mit dem Lieferanten abgewickelt werden.

Bevor ein Unternehmen entscheidet, wo, bei wem und wie es die benötigten Teilkomponenten einkauft, muss eine präzise Beschaffungsmarktforschung durchgeführt werden, um beispielsweise Markttransparenz hinsichtlich der Marktform, des Qualitätsniveaus und des Preis- bzw. Kostenniveaus zu schaffen, neue Beschaffungsquellen zu erschließen, die Grundlage für optimale Beschaffung vorzubereiten, Substitutionsgüter zu ermitteln oder das zukünftige Marktgeschehen zu erkennen.

„Der Begriff Beschaffungsmarktforschung bezeichnet also die Sammlung und Aufbereitung von Informationen aktueller und potenzieller Märkte mit dem Ziel, deren Transparenz zu erhöhen, um beschaffungsrelevante

---

http://www.roell.net/materialien/ebusiness-eprocurement-grafiken.shtml, 2003.

Entwicklungen zu erkennen."[13] Die Beschaffungsmarktforschung kann wie folgt sortiert werden[14]:

- Wertanalyse

Mit Hilfe der Wertanalyse werden die Kosten für Objektleistungen eingeschätzt und nicht notwendige Produktbestandteile und damit Materialkosten aufgespürt, deren Wegfall weder Qualität, Nutzwert und Lebensdauer noch andere für den Verkauf relevante Eigenschaften beeinträchtigen würde.

- Preisanalyse (Vergleich von vorangegangenen zu aktuellen Preisen)

In der Preisanalyse werden die Preise aus der Vergangenheit mit den aktuellen Preisen verglichen. Dadurch können optimale Preise herausgefunden werden. Natürlich sollte ein fairer Preis zwischen Einkäufer und Lieferanten ausgehandelt werden.

- Marktanalyse

Die Marktanalyse ist der grundlegende Baustein, um anschließend strategische und operative Ziele für Marketingaktionen zu definieren. Die Analyse wird hauptsächlich von zwei Seiten durchgeführt, nämlich der Angebots- und der Nachfrageseite. Auf der Angebotsseite werden beispielsweise unterschiedliche Qualitäten, die geographische Verteilung des Angebots und Konkurrenzsituationen analysiert; auf der Nachfrageseite ist es wichtig zu analysieren, welche und wie viele konkurrierende Abnehmer neben dem eigenen Unternehmen am Markt auftreten, wie groß deren Marktanteil am Gesamtmarkt ist und ob Konkurrenten mit demselben Rohstoff ein gleiches oder ein anderes Produkt produzieren.[15]

---

[13] *Grabler Wirtschaftslexikon*. 16. Auflage, Wiesbaden, 2004.

[14] Vgl. U. Koppelmann: *Beschaffungsmarketing*. Berlin, 2004, S. 31.

[15] A. Kuthe: *Beschaffung* unter http://www.infoportal.fh-nuertingen.de, 2003, S. 5.

• „Make-or-buy“-Analyse (Eigenfertigung oder Fremdbezug)[16]

Die Frage nach Eigenfertigung oder Fremdbezug hat strategische Bedeutung für das Unternehmen. Das Unternehmen sollte überlegen, ob es günstiger ist, einzelne Komponenten des Produktspektrums im eigenen Unternehmen herzustellen, als diese von Lieferanten zu kaufen (Fremdbezug). Was sind die Vorteile und die Nachteile der beiden Alternativen? Eine ausschließlich an Kostenargumenten orientierte Entscheidung zu treffen, ist für ein Unternehmen nicht ratsam, weil die Bestimmungsgründe teils qualitativen, teils quantitativen Charakter haben. Zielt das Unternehmen etwa auf die Sicherung der Arbeitsplätze oder die Gewinnmaximierung um jeden Preis ab?

• Lieferantenanalyse

„In der Einkaufsabteilung eines Unternehmens wird häufig versucht, Einkaufsleistungen zu verbessern, jedoch häufig erst bei auftretenden Schwierigkeiten bezüglich Qualität, Konditionen oder Terminen. Es kann aber nur dann ein Wettbewerbsvorteil gegenüber Konkurrenten erreicht werden, wenn der Einkäufer mit den besten Lieferanten zusammenarbeitet.“[17] Die Lieferanten werden deshalb nach der zeitlichen, mengenmäßigen und kaufmännischen Zuverlässigkeit ermittelt, bewertet und ausgewählt. Je besser der Lieferant ist, umso niedriger kann der Sicherheitsbestand sein.

---

16 Ebd. S. 11.

17 H. Gienke, R. Kämpf: *Handbuch Produktion: Innovatives Produktionsmanagement.* München, 2007, S. 203.

3 Die strategische Beschaffung

Im vorherigen Kapitel wurde ein Überblick über die Grundlagen der Beschaffung gegeben. Um das thematische Umfeld der vorliegenden Studie näher zu beleuchten, bietet das folgende Kapitel eine Erklärung, warum immer mehr deutsche Unternehmen ihre strategische Beschaffung weitgehend in China realisieren. Dazu werden zuerst die Grundlagen strategischer Beschaffung, wie Beschaffungsorganisation und „Sourcing-Arten", dargestellt. Danach wird erklärt, warum China eine der lukrativsten Beschaffungsquellen darstellt und mit welchen Risiken dort zu rechnen ist.

3.1 Strategische Beschaffung

Heutzutage bewirkt die Globalisierung einen immer stärkeren weltweiten Wettbewerb. Als Folge ändert sich allmählich die Funktion des Einkaufs im Unternehmen (Abbildung 3).

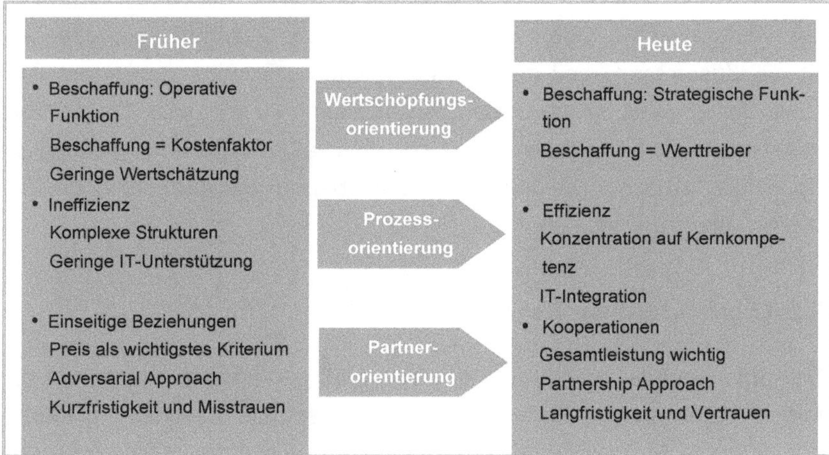

Abbildung 3: Wachsende Bedeutung der Beschaffung[18]

[18] Ebd. S. 203.

Die Beschaffungsfunktionen lassen sich im Wesentlichen in strategische und operative Aufgaben unterteilen. Früher wurde dem Einkauf eher eine operative Funktion zugeschrieben, wie in Kapitel 2 beschrieben. Die Aufgaben des Einkaufs waren, Preisverhandlungen zu führen, Bestellungen durchzuführen, Lieferungen und Rechnungen zu prüfen sowie die Administration. Der Beschaffungsprozess wurde nur geringfügig durch IT unterstützt. Der Preis war das wichtigste Kriterium, die Beschaffungsorganisation komplex. Die Beziehung zwischen Abnehmern und Zulieferern war nur einseitig, ihre Zusammenarbeit nur kurzfristig. Daher entstand oft ein Misstrauen zwischen den beiden Parteien.

Im Vergleich dazu hat die Beschaffung heutzutage zunehmend eine strategische Funktion. Sie beinhaltet Aufgaben wie die Erschließung und Erhaltung von Erfolgspotentialen durch Entfaltung von Fähigkeiten und Handlungsmöglichkeiten sowie die Steuerung und Koordinierung der operativen Aktivitäten, um zur nachhaltigen Sicherung der erwünschten Unternehmenserfolge in der Zukunft beizutragen. Die strategische Beschaffung ist mittlerweile mehr wertschöpfungs-, prozess- und partnerorientiert geworden. Durch die IT-Integration des Beschaffungsprozesses ist die Zusammenarbeit mit den Lieferanten effizienter geworden. Anstelle des Preises ist die Gesamtleistung sehr wichtig. Das Ziel der Zusammenarbeit mit Lieferanten ist es, eine langfristige und nachhaltige Beziehung zwischen beiden Seiten aufzubauen und dadurch hohe Zuverlässigkeit zu erreichen.

3.2 Organisation der Beschaffung

Der organisatorische Aufbau der Beschaffung kann in zwei Formen erfolgen, nämlich zentral und dezentral. Bei zentraler Beschaffung erfolgt der gesamte Einkauf eines Unternehmens durch eine Beschaffungsabteilung. Dezentrale Beschaffung kann den Beschaffungsprozess in Regionen (örtliche Dezentralisierung) oder Teilaufgaben (sachliche Dezentralisierung) teilen. Es gibt bei beiden Formen sowohl Vor- als auch

Nachteile[19] (Abbildung 4). Welche Organisation der Beschaffung aufgebaut werden sollte, hängt davon ab, welche Strategie ein Unternehmen verfolgt.

Vor-/ Nachteile	Zentrale Beschaffung	Dezentrale Beschaffung
+	- Optimales Preis-/Leistungs-verhältnis - schmalere Personalressourcen im Beschaffungsprozess - bessere Marktübersicht - einheitliche Entscheidungswege	- bessere Kontakte zu den Bedarfsstellen - kurze Informationswege vor Ort - höhere Flexibilität bei veränderten betrieblichen Rahmenbedingungen
-	- Bei vielen bzw. weit entfernten Zweigbetrieben kann sich der Entscheidungsprozess verlängern - Komplexe Entscheidungsfindungen können zu Bürokratismus führen - Verlangsamung des gesamten Beschaffungsprozesses	- ungünstiges Preis-/Leistungsverhältnis durch den Einkauf kleinerer Mengen - hoher Personalbedarf - lokal unterschiedliche Entscheidungsverfahren und -findungen

Abbildung 4: Vor-/Nachteile zentraler und dezentraler Beschaffung[20]

Der Fokus der vorliegenden Studie ist die Beschaffung in China. Um einen besseren Kontakt mit den Lieferanten, höhere Flexibilität bei veränderten betrieblichen Rahmenbedingungen und hohe Effizienz durch kurze Informationswege vor Ort zu erreichen, bauen viele deutsche Unter-

---

19 G. Hirschsteiner: *Einkaufs- und Beschaffungsmanagement*. 2. Auflage, Ludwigshafen, 2006, S. 123.

20 *Vor-/Nachteile zwischen zentraler und dezentraler Beschaffung* unter http://www.ifw-wissen.net/50867895dc121d701/ 50867895dc12cd312/ index.php

nehmen eine Beschaffungsniederlassung in China auf. Prinzipiell kann diese dezentrale Beschaffungsorganisation nach den gleichen Kriterien wie die inländische gegliedert werden. Eine funktionale Gliederung nach Aufgabenbereichen ist bei jeder Organisationseinheit zweckmäßig. Im Allgemeinen sollten ausländische Beschaffungsniederlassungen ihre Aufgaben wie folgt erfüllen[21]:

- „Unterstützung der internationalen Beschaffungsaktivitäten der verschiedenen Unternehmensbereiche vor Ort"
- „Herstellung und Pflege von Kontakten zu Lieferanten, Verbänden, Behörden und logistischen Dienstleistern"
- Unterrichtung der Unternehmensbereiche über wirtschaftliche, gesellschaftlich-kulturelle, politische und technische Veränderungen in den jeweiligen Ländern bzw. Marktregionen
- Hilfestellung bei Kommunikationsproblemen, etwa durch einen technischen Übersetzer (Chinesisch-Deutsch) in der Beschaffungsniederlassung in China
- Vorbereitung und Durchführung von Geschäftsbesprechungen, Firmenpräsentationen und Lieferantentagen

3.3 Global Sourcing

Bevor wir uns näher dem Global Sourcing zuwenden, ist eine Klassifizierung der einzelnen Arten des Sourcings angebracht. Abbildung 5 gibt einen Überblick über die unterschiedlichen Strategien. Die nachfolgenden Kapitel werden sich verstärkt auf die regionenbezogenen Sourcing-Strategien konzentrieren[22]:

---

[21] A. Kuthe: *Beschaffung* unter www.infoportal.fh-nuertingen.de, 2003, S. 18.

[22] W. Krokowski u.a.: *Globalisierung des Einkaufs.* Berlin, 1998, S. 5.

Sourcing-Arten	Beschreibung
Regionenbezogen	
- Global Sourcing	Beschaffungsquellen sind weltweit
- Local Sourcing	Bezugsquellen in räumlicher Nähe zum Abnehmer
- Domestic Sourcing	Beschaffungsquellen innerhalb Deutschlands
Lieferantenbezogen	
- Single Sourcing	Nur ein Lieferant für ein Beschaffungsprojekt
- Dual Sourcing	Zwei Bezugsquellen
- Multiple Sourcing	Mehrere Bezugsquellen
Objektbezogen	
- Module Sourcing	Bezug von kompletten Baugruppen oder Systemen
- Single part Sourcing	Bezug von Einzelkomponenten
Prozessbezogen	
- Advanced Sourcing	Die Einbeziehung von gesamten Prozessabläufen in die Beschaffungsstrategie

Abbildung 5: Sourcing-Strategien[23]

Das Local Sourcing tritt durch den verstärkten weltweiten Einkauf immer weiter in den Hintergrund. Die lokalen Hersteller können nur langfristig überleben, wenn sie sich an den Weltmarktpreisen und -leistungen orientieren bzw. durch neue und innovative Dienstleistungen Kundenbeziehungen aufbauen und festigen können. „Unter dem Begriff Global Sourcing versteht man nichts anderes als die Ausnutzung sämtlicher Beschaffungsquellen weltweit.“[24] Die Hauptziele des Global Sourcing lauten wie folgt[25]:

- Materialkosten zu senken
- ein weltweites Lieferantenmanagement aufzubauen

---

23 Ebd. S. 6.

24 Ebd.

25 A. Kuthe: *Beschaffung* unter www.infoportal.fh-nuertingen.de, 2003, S. 23.

- neue Absatzmärkte über die Beschaffungsmärkte mit Hilfe der Beschaffungsmarktforschung zu erschließen
- andere Lohnstrukturen auszunutzen
- das weltweite Lieferanten-Know-how zu nutzen
- Nachfragemacht dadurch zu konzentrieren, dass alle verbundenen Unternehmen gemeinsam auftreten

Bevor die Entscheidung zum Global Sourcing getroffen wird, sollten sich Unternehmen über den technologischen Stand, das Gesellschaftssystem und die Ethik in den anderen Ländern informiert haben und gute Kenntnisse über die dortige Wirtschaftsordnung besitzen. Überdies ist es auch wichtig, qualifizierte Mitarbeiter mit Fremdsprachenkenntnissen einzustellen. Wenn ein Unternehmen sich dafür entschieden hat, beispielsweise in China Teilkomponenten einzukaufen, dann sollte ein chinesischer Mitarbeiter, der am besten noch in Deutschland studiert hat und die deutsche Kultur gut kennt, angestellt werden, da er ohne Sprach- und Kommunikationsprobleme mit lokalen Geschäftspartnern effektiv zusammenarbeiten kann.

Neben den Vorteilen des Global Sourcing gibt es natürlich auch Risiken. Diese können nur reduziert werden, wenn Unternehmen die möglichen Probleme bzw. Hürden auf dem Beschaffungsmarkt vorher richtig analysiert haben. Nachfolgend sei auf einige bedeutende Risiken hingewiesen[26].

- Kommunikationsproblem

Das größte Problem des Global Sourcing ist das der Kommunikation, insbesondere in Entwicklungs- oder Schwellenländern. Zum Kommunikationsproblem gehören Sprachprobleme und Probleme auf Grund von unterschiedlichen Mentalitäten, Kulturen etc. Man kommt zwar mit guten

---

[26] W. Krokowski u.a.: *Globalisierung des Einkaufs*. Berlin, 1998, S.14-18.

Englischkenntnissen in vielen Beschaffungsregionen der Welt zurecht, aber es gibt Regionen, in denen ohne Kenntnisse der lokalen Muttersprache nichts geht.

Auch die unterschiedlichen Mentalitäten bei Verhandlungen mit internationalen Lieferanten spielen eine große Rolle, was bei der Verhandlungsstrategie berücksichtigt werden muss. Wie man als deutsches Unternehmen, das in China einkauft, optimal mit chinesischen Lieferanten verhandelt, wird noch in Kapitel 4 ausführlich dargestellt.

- Qualitätsproblem

Unternehmen, die Global Sourcing betreiben, müssen mit einem höheren Qualitätsrisiko rechnen. Die Ursachen dafür können vielfältig sein. Die Probleme können beispielsweise auf mangelnder Kommunikation, mangelhafter Qualifikation der Beschäftigten, unzureichender Technologie, fehlender Prozessbeschreibung oder auf unvermeidbaren Ursachen wie Naturkatastrophen oder Klimaeinflüssen basieren[27]. Bei einer mangelhaften Lieferung, die eine Nachbesserung erfordert, ist die benötige Zeit dafür sehr viel länger als beim Local Sourcing. Das Ziel, Einsparpotentiale durch Global Sourcing zu erzielen, ist in diesem Fall also nicht erreicht.

- Währungsproblem

Auch das Währungsrisiko und die Zahlungsbedingungen sind zu berücksichtigen. Denken wir nur an die Entwicklung des US-Dollars im Verhältnis zum Euro in den vergangenen Jahren: Wenn der Wechselkurs des US-Dollars steigt und der Kaufvertrag in dieser Währung abgeschlossen worden ist, muss mit einer entsprechenden Kostenerhöhung gerechnet werden[28].

---

27 Ebd. S. 16.

28 Ebd. S. 17-18.

- Sicherheitsprobleme

Wegen des längeren Transportwegs entsteht ein größeres Risiko des Verlustes oder der Beschädigung der Waren. Politische Instabilitäten (soziale Konflikte, Beschränkungen durch die Regierung des Ausfuhrlands) oder Streikgefahr sind auch zu nennen. Als Ausweg kann ein Konsignationslager in der Nähe des Unternehmens oder bei einem Logistikpartner in Deutschland eingerichtet werden. Bei wichtigen Gütern sollte der Einkäufer die Waren von mehreren Quellen beziehen und nicht Single Sourcing betreiben[29].

Warum immer mehr deutsche Unternehmen trotz dieser Risiken in China einkaufen, wird in den nachfolgenden Kapiteln im Detail begründet.

3.3.1 Trend: Global Sourcing deutscher Unternehmen

Wie in früheren Kapiteln erwähnt wurde, erfordert die zunehmende weltwirtschaftliche Verflechtung von Unternehmen, sich sowohl mit heimischen als auch mit ausländischen Konkurrenten zu messen. Gerade in Deutschland spielt die internationale Beschaffung eine immer wichtigere Rolle. Früher waren die Rohstoffe Ausgangsbasis für einen internationalen Handel, aber in den letzten Jahrzehnten hat der Faktor „Arbeitskosten" in Deutschland zunehmend an Bedeutung gewonnen. Die gestiegenen Lohnnebenkosten schlagen sich im deutschen Wirtschaftsraum in den Produktpreisen nieder und das bei generell steigenden Rohstoffpreisen und höherem Kostendruck durch ausländische Wettbewerber.

Obwohl die Lohn- und Lohnnebenkosten in Deutschland ein sehr hohes Niveau erreicht haben, war Deutschland bis zum Jahr 2007 Weltmeister im Export. Ein wesentlicher Grund liegt darin, dass mehr als die Hälfte der deutschen Unternehmen ihre Zulieferteile weltweit beschaffen, um ihre Endprodukte zu konkurrenzfähigen Preisen auf dem Weltmarkt

---

29 Ebd. S. 16.

durchzusetzen[30]. Anhand der von der DIHK veröffentlichten Statistik ist am Importvolumen Deutschlands von 2004 bis 2008 (Abbildung 6) zu erkennen, dass sich immer mehr deutsche Untenehmen auf Global Sourcing fokussieren:

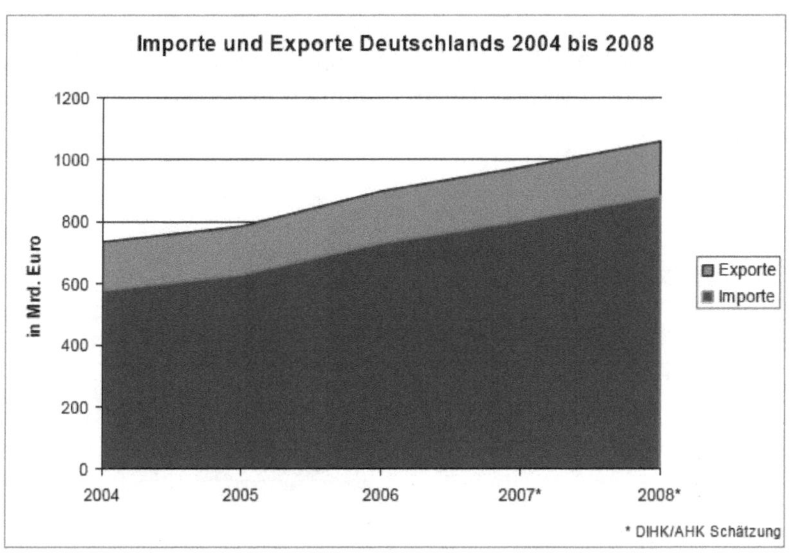

Abbildung 6: Importe und Exporte Deutschlands 2004-2008[31]

Die Importsumme Deutschlands betrug 2000 444,8 Mrd. €, für das Jahr 2002 ergibt sich eine Summe von rund 530 Mrd. €. In 2006 nahm die Importsumme auf rund 730 Mrd. € zu. Man schätzt, dass die Importsumme für 2008 auf rund 880 Mrd. € steigen wird. Hierbei muss natürlich angemerkt werden, dass diese Importsumme auch fertige Erzeugnisse einbezieht, die in Deutschland nicht mehr weiter bearbeitet werden. Al-

30 *„Importe und Exporte Deutschlands 2004-2008“* unter www.ihk.de, DIHK Statistik, 2007.

31 *„Importe und Exporte Deutschlands 2004-2008“* unter www.ihk.de, DIHK Statistik, 2007.

lerdings lässt sich an diesen Zahlen gut belegen, dass der Import generell an Bedeutung zunimmt.

3.3.2 China: Unverzichtbare Einkaufsquelle der Welt

Unbestritten ist China heutzutage eine der günstigsten Einkaufsquellen der Welt. Bereits jetzt nutzen viele deutsche Unternehmen den Markt trotz einiger Hürden erfolgreich. Abbildung 7 gibt einen Überblick über Import und Export zwischen Deutschland und China vom Jahr 1998 bis zum Jahr 2008.

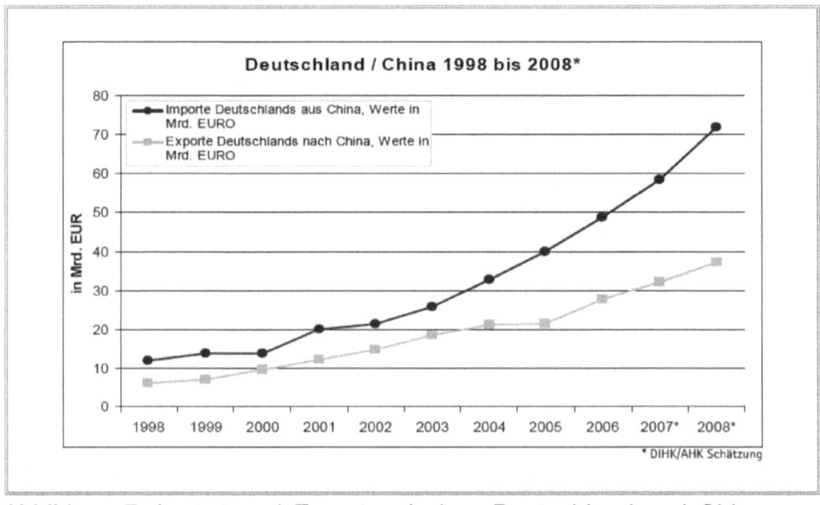

Abbildung 7: Import und Export zwischen Deutschland und China vom Jahr 1998 bis zum Jahr 2008[32]

China festigt seine Position als drittwichtigster Warenexporteur nach Deutschland[33]. Der Warenfluss von China nach Deutschland betrug 49

---

[32] „*Importe und Exporte Deutschlands 2004-2008*“ unter www.ihk.de, DIHK Statistik, 2006.

[33] *Außenwirtschaft aktuell* unter http://cms.ihksaarland.de/ihk-saarland/Integrale?MODULE=Frontend.Media&ACTION=ViewMediaObject&Media.PK=975&Media.Object.ObjectType=full, S. 18.

Mrd. Euro im Jahr 2006 und im Jahr 2007 waren es 54,6 Mrd. €. Nach Einschätzung der DIHK/AHK wird er auf 72 Mrd. € im Jahr 2008 steigen. 12,6% (im Jahr 2006) der Importsumme betragen die Zulieferteile für die Erzeugung der Endprodukte, im Jahr 2007 stieg dieser Anteil auf 16,5% der Importsumme an. Man kann also sagen, dass China sehr große Export-Erfahrungen mit Deutschland gesammelt hat.

Große Unternehmen wie Daimler Chrysler, Siemens und Bosch sind bereits seit vielen Jahren in China vertreten und profitieren von der ausgelagerten Produktion und dem Einkauf in China. Warum ist China für deutsche Unternehmen eine der beliebtesten Beschaffungsquellen? Die Gründe dafür lauten wie folgt[34]:

- Kostenvorteil

Der Kostenvorteil chinesischer Zulieferer gründet sich in erster Linie auf den niedrigen Lohnkosten. Sie sind der entscheidende Faktor, der die internationalen Geschäftspartner und Einkäufer anzieht. In der Fertigungsindustrie verdienen Chinesen beispielsweise durchschnittlich 80 €/Monat. Das sind etwa 1/30 bis 1/40 der Lohnkosten in Industrieländern wie Deutschland, Amerika oder Japan. Wegen des ungleich verteilten Wachstums in China entsteht außerdem ein starkes Lohnkostengefälle zwischen den Küstenregionen (wie Shanghai oder der Provinz Guangdong) und dem Hinterland (wie den Provinzen Henan, Anhui oder Shanxi). Auch künftig wird sich am Lohnkostenvorteil wenig ändern. Das Lohngefälle zwischen den Küstenregionen und dem Hinterland bietet ausreichenden Spielraum, um Forderungen nach mehr Lohn entgegenzuwirken. Außerdem machen die Kapitalkosten in China nur 25 bis 75 Prozent der dafür in Deutschland anfallenden Kosten aus. Zudem stellen niedrigere Grundstückspreise, steuerliche Anreize und günstige Rohstoffe hervorragende Rahmenbedingungen für die Beschaffung in China dar.

---

34 *Informationen über den chinesischen Beschaffungsmarkt* unter www.chinahandelsinfo.de

• Sehr gut ausgebildete und hoch motivierte Arbeitskräfte

Doch das niedrige Lohnniveau ist nicht das einzige Argument für die Attraktivität des Landes. China verfügt über sehr gut ausgebildete und hoch motivierte Arbeitskräfte. Insbesondere sind die Küstenregionen wie Shanghai und die Provinz Zhejiang sehr westlich geprägt. Dort gibt es viele Universitäten mit der Unterrichtssprache Deutsch. Sie besitzen einen sehr guten Ruf, wie die Tongji-Universität in Shanghai (bis zum Jahr 2006 hatte die Tongji-Universität Partnerschafts- und Kooperationsbeziehungen mit 39 Hochschulen in deutschsprachigen Ländern aufgenommen, davon 33 in der Bundesrepublik Deutschland), die Fremdsprachenhochschule Shanghai oder das „Chien-shiung Institute of Technology" in Taicang. Zudem werden an einigen Universitäten in den Ingenieurwissenschaften, Informatik und Wirtschaftswissenschaften Studiengänge in Deutsch angeboten. An der Tongji-Universität wird beispielsweise Maschinenbau in Deutsch angeboten. Viele der Studienabgänger sprechen zudem gutes Englisch und Deutsch, sie interessieren sich sehr dafür, in deutschen Unternehmen zu arbeiten. Darüber hinaus hat China jedes Jahr über 3 Millionen Absolventen. Im Vergleich zu Vietnam ist es aber schwer, qualifiziertes Personal mit Erfahrung zu finden, obwohl die Arbeitgeber bereit sind, gute Gehälter zu zahlen.

• Stabiles wirtschaftliches Umfeld[35]

Chinas Politik der Reformen und der Öffnung hat das Land tiefgreifend verändert. Die Wirtschaft kann ein anhaltendes Wachstum verzeichnen: am Anfang der Reformen betrug das BIP lediglich 150 Milliarden US-Dollar, von 2006 bis 2008 ist das BIP jährlich über 10% gestiegen. Heute hat die chinesische Wirtschaft einen Anteil von 4% an der Gesamtweltwirtschaft, früher lag er nur bei 1%. Am 08.08.2008 sind die Olympischen Spiele 2008 in Beijing eröffnet geworden. Die chinesische Wirtschaft wurde dadurch stark beeinflusst. Gemäß der Analyse des

---

[35] *Report of NERI 2008* unter http://www.neri.org.cn/analysis/mac200808.pdf

„National Economic Research Institute of China Reform Foundation“ (NERI) wird Chinas Wirtschaft nach den Olympischen Spielen weiterhin schnell und gesund wachsen.

• Die Reform des Wechselkurssystems[36]

Am 21. Juli 2005 hat China mit der Reform des Wechselkurssystems für die Landeswährung Renminbi (RMB) begonnen. Die chinesische Nationalbank verzichtete auf die stabile Bindung des RMB-Wechselkurses an den US-Dollar, weil China nach dem Beitritt zur WTO als ein verantwortungsvoller marktwirtschaftlicher Mitgliedsstaat in der Weltwirtschaft auftreten und die Inflation eindämmen wollte. Der RMB-Mittelkurs zum USD wurde von 8,277 RMB auf 8,11 RMB aufgewertet. Von 1994 bis Juli 2005 ist der Wechselkurs stabil zwischen 8,62 RMB und 8,28 RMB per USD gehalten worden. Alle Länder, die unter marktwirtschaftlichen Regelungen ihre Geschäfte ausüben, sollten von der Regulierung des unterbewerteten chinesischen Yuan profitieren. Nach der Wirtschaftskrise von 1997 ist der chinesische Yuan neben dem japanischen Yen Leitwährung in Asien geworden.

Seit der neuen Währungspolitik ist der Wechselkurs des RMB zum USD um 2% und zum Euro um 4% gestiegen. Der Direktor der chinesischen Nationalbank Wu Xiaolin meint: „Auf lange Sicht ist die Aufwertung des RMB-Wechselkurses eine langfristige Tendenz und die Aufwertungsrate wird unter der Kontrolle der Nationalbank verlangsamt.“ Für deutsche Unternehmen hat die Aufwertung des RMB insgesamt mehr Vor- als Nachteile. Zwar schwächt die RMB-Aufwertung die Stabilität der chinesischen Währung, jedoch ist eine marktorientierte Währungspolitik für eine langfristige und gesunde Marktwirtschaft notwendig. Eine stabile Wechselkurspolitik in der Vergangenheit beeinträchtigte den Profit der ausländischen Unternehmen. Die Chancen des Außenhandels mit China werden durch die Aufwertung der RMB verbessert.

---

36 *Die Reform des Wechselkurssystems* unter http://www.china.com.cn/economic/zhuanti/rmbsz/node_5921911.htm

• Gutes Investitionsklima

Um mehr ausländische Investoren anzuziehen, hat China in vielen Provinzen und Städten wirtschaftlich-technische Entwicklungszonen gegründet, z.B. die Bohai-Bucht-Wirtschaftszone, das Yangtze-Fluss-Delta und das Pearl-Fluss-Delta (Abbildung 8):

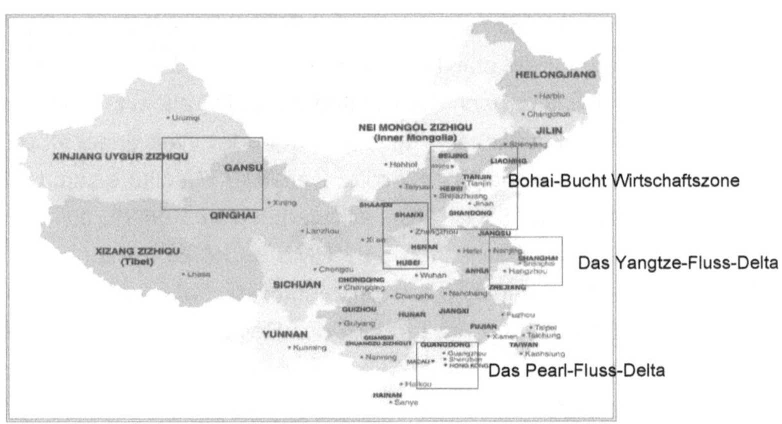

Abbildung 8: Die wirtschaftlich-technischen Entwicklungszonen in China

Außer den wirtschaftlichen Infrastrukturen, wie Energieversorgung, Transportbedingungen (Straßen, öffentlicher Personennahverkehr) und Industriezonen, wurden noch soziale Infrastrukturen, wie Abfallbeseitigung, Bildungszentren, Krankenhäuser etc., in diesen Gebieten geschaffen. Darüber hinaus strebt die chinesische Regierung nach einem zuverlässigen Rechtsrahmen für ausländische Investoren. Eine Reihe von Vorzugsbedingungen für internationale Investoren wurden eingeführt. Um z. B. Doppelbesteuerung zu vermeiden, hat die chinesische Regierung mit den betroffenen Staaten ein Abkommen zum Schutz von Investitionen unterzeichnet (Senkung bzw. völliges Erlassen von Steuern).

• Herstellerfreundliche Rahmenbedingungen

Die chinesische Regierung hat auch herstellerfreundliche Rahmenbedingungen in Bezug auf Arbeitsgesetze und Umweltbedingungen gestaltet, um das Vertrauen der internationalen Investoren in China zu verstärken.

3.3.3 Risiken bei der Beschaffung in China

Zwar sichern die kontinuierliche wirtschaftliche und technologische Weiterentwicklung Chinas sowie langfristige Lohnkostenvorteile nachhaltig das Potential dieses Beschaffungsmarktes, die Ausschöpfung dieser wirtschaftlichen Möglichkeiten ist aber gleichzeitig mit Risiken und Herausforderungen verbunden. Viele Faktoren wie beispielsweise die Unübersichtlichkeit des Marktes, mangelnde Qualität, unzuverlässige Lieferanten und auch kulturelle Unterschiede tragen dazu bei, dass Sourcing in der „Fabrik der Welt" rasch zu einem unvorhersehbaren Abenteuer werden kann. Wettbewerbsvorteile durch die Beschaffung in China können nur erzielt werden, wenn ein Unternehmen in der Lage ist, diese Hürden zu meistern. Die wichtigsten Hürden und möglichen Lösungen dazu könnten wie folgt aussehen[37]:

• Technologieverlust

Technologieverlust ist ein ernstes Anliegen bei der Beschaffung von Teilkomponenten in China. Man will zwar preisgünstig einkaufen, um die Wettbewerbsfähigkeit zu steigern, aber keine eigenen Wettbewerber züchten. Durch folgende Maßnahmen kann diese Gefahr möglicherweise minimiert werden[38]:

---

[37] N. Ma: *Beschaffungsrisiko in China* unter http://blog.china.alibaba.com/blog/tangchengzao/chapter/i195861-p1.html

[38] *Beschaffung in China* unter http://www.china-produkte.net/.

- „Zuerst muss ein wasserdichter Vertrag gegen Technologieklau abgeschlossen werden;“
- „Zweitens muss die Einhaltung des Vertrags überwacht werden, denn manche Chinesen nehmen Verträge nicht sehr genau, so dass Verträge damit praktisch wertlos sind;“
- „Drittens sollte man nicht alle Zeichnungen und sonstiges Know-how in eine Hand geben, die das komplette Produkt herstellt. Die Teile oder Komponenten sollten an verschiedene Lieferanten vergeben werden, notfalls sogar an verschiedene Orte. Das erfordert zwar erhöhten Aufwand, aber um wertvolle Geheimnisse zu hüten, wird die Mühe gerechtfertigt.“

• Risiko bei der Wahl der Zulieferbetriebe

Sehr viele Industriebetriebe in China sind erst in den letzten 30 Jahren entstanden. Davon sind nur wenige Willens und in der Lage, deutsche Qualitätsanforderungen zu erfüllen und eine solide Geschäftsführung zu garantieren, so wie es deutsche Unternehmen gewohnt sind. Viele Firmen in China verstehen es, sich in gutem Licht zu präsentieren. Was aber wirklich dahinter steckt, kann erst nach systematischen, umfassenden und strengen Untersuchungen aufgedeckt werden. Dabei sollte der Einkäufer die potentiellen Lieferanten am besten persönlich besuchen. Nur mit eigenen Augen kann er erkennen, ob alles, was die Lieferanten ihm versprochen und vorgestellt haben, wahr ist. Es kostet zwar Zeit und Geld, aber für eine langfristige Zusammenarbeit lohnt sich diese Investition. Außerdem können deutsche Unternehmen mit Hilfe von lokalen Consulting-Unternehmen den geeigneten Lieferanten sorgfältig auswählen.

• Instabile Qualität[39]

Viele deutsche Einkäufer klagen über eine große Menge von Ausschuss bei Importwaren aus China[40]. So kann sich trotz des Kostenvorteils chinesischer Produkte Gewinn sehr schnell in Verlust umwandeln. Daher ist es für deutsche Unternehmen absolut erforderlich, eine strenge und stetige Qualitätskontrolle durchzuführen, auch bei einem guten Lieferanten, damit er nicht nachlässt. Die sorgfältigen Qualitätskontrollen sollten am besten vor Ort gemacht werden. Je früher die Fehler gefunden werden, desto niedriger sind die möglichen Risiken. Wenn die Waren in Deutschland ohne vorherige sorgfältige Qualitätskontrollen angeliefert worden sind, wird eine Nachbesserung der Mängel mehr kosten. Dies kann nicht nur einen Verlust an Geld, sondern auch den Abbruch der Geschäftsbeziehungen zum Lieferanten oder zum Kunden nach sich ziehen. Das technische Personal von deutschen Unternehmen sollte ständig mit dem technischen Personal des chinesischen Zulieferunternehmens kooperieren und zusammen die intensiven Qualitätskontrollen vor Ort durchführen, bevor die Waren verpackt und versandt werden. Wer über mangelhafte Qualität aus China klagt, zeigt nur, dass er die Kostenvorteile der Qualitätskontrolle in China nicht zu nutzen weiß.[41]

• Misstrauen

Die meisten modernen chinesischen Industrien sind in einer explosionsartigen Gründerzeit erst vor kurzem entstanden. Folge der schnellen Entwicklung ist, dass auch viele Schwindler und Glücksritter mitmischen. Viele chinesische Unternehmer sind oft sehr misstrauisch, kennen aber auch selbst krumme Wege.

---

[39] W. Krokowski u.a.: *Globalisierung des Einkaufs*. Berlin, 1998, S. 16.

[40] *Beschaffung/Einkauf in China* unter http://www.frankfurt-main.ihk.de/imperia/md/content/pdf/international/CCC_Info_EinkaufinChina.pdf, S.2.

[41] *Beschaffung in China* unter http://www.china-produkte.net/.

„Im Umgang mit chinesischen Lieferanten muss einerseits das Vertrauen aufgebaut, andererseits klar gezeigt werden, dass unredliche Manipulationen durchschaut und nicht geduldet werden.“[42] So ist es für die Einkäufer unerlässlich, mit der Betriebsführung des Lieferanten und mit den Angestellten und Arbeitern Kontakte zu pflegen, weil von rangniedrigeren Mitarbeitern des Betriebes viele wichtige Informationen gewonnen werden können, die für den Einkäufer bedeutend sind, um Manipulationen rechtzeitig zu verhindern. Dazu spielen Kenntnisse der chinesischen Sprache, Kultur und Mentalität der Menschen eine wichtige Rolle. Eine erfolgreiche Kooperation zwischen deutschen Einkäufern und chinesischen Lieferanten sollte also langfristig und vertrauensvoll abgewickelt werden.

[42] Ebd.

4 Optimale Verhandlung

Nachdem ein Einblick in die strategische Bedeutung der Beschaffung in China gegeben wurde, wird im folgenden Kapitel das Fokusthema „optimale Verhandlung“ näher beleuchtet.

Im ersten Abschnitt werden einige wichtige Merkmale, die bei einem Treffen mit chinesischen Geschäftspartnern beachtet werden sollten, beschrieben (Vorbereitung der Rahmenbedingungen, unterschiedliches Denken zwischen Deutschen und Chinesen, chinesische Philosophie, Kultur). Danach werden die Hauptphasen der Verhandlung wie z.B. Verhandlungstaktik oder Verhalten bei Streitfällen vorgestellt. Schließlich werden noch einige wichtige Vorschläge für die Verhandlungsführung mit Chinesen gegeben.

4.1 Exzellente Gesprächsvorbereitung

Für eine erfolgreiche Verhandlung ist eine exzellente Gesprächsvorbereitung maßgeblich, besonders bei einer Verhandlung mit Lieferanten im Ausland bzw. mit chinesischen Lieferanten. Außer den allgemeinen Informationen, nämlich Rahmenbedingungen (wie das Ergebnis der Marktforschung, Marktpreis, Lieferantenanalyse), spielt die „Soft Information“, d.h. Informationen etwa über die chinesische Kultur, Mentalität oder Politik zur erfolgreichen Gesprächsvorbereitung eine entscheidende Rolle[43].

4.1.1 Rahmenbedingungen der Verhandlung

Falls sich ein deutsches Unternehmen entschließt, ein Geschäft mit chinesischen Partnern aufzunehmen, sollte zuerst eine klare Strategie festgelegt werden, das heißt, die Ziele der Zusammenarbeit mit Chinesen müssen klar definiert werden. Ziele können z.B. die Senkung von Kosten

---

[43] E. C. Dommasch: *Der Profi-Einkäufer*: Basiswissen und Arbeitsmethoden. Frankfurt/Main, 2000, S. 138.

oder der Aufbau einer langfristigen Zusammenarbeit mit chinesischen Lieferanten sein.
Wenn die Entscheidung „Beschaffung von Teilkomponenten in China“ nach ausführlichen Analysen gefällt worden ist, kann die Suche nach den geeigneten chinesischen Partnerunternehmen beginnen. Informationsquellen wie die Auslandshandelskammern, die Bundesagentur für Außenwirtschaft „bfai“ oder Baden-Württemberg International „bw-i“ stellen den deutschen Unternehmen viele wichtige Informationen zur Verfügung, wie z.B. „die zehn besten chinesischen Lieferanten im Bereich Schleifmaschinenproduktion“.

Nachdem der Einkäufer eine Auswahl an potentiellen Lieferanten getroffen hat, kann er mit der Kontaktaufnahme beginnen. Dazu sollte der Einkäufer nicht nur die Kernkompetenz der in Frage kommenden Kandidaten beachten, sondern auch deren „Soft-Kompetenz“. Hat der Lieferant beispielsweise gute Beziehungen zu staatlichen Behörden in China? Das ist wichtig, da für manche Produkte bzw. Rohmaterialien eine Genehmigung benötigt wird, um sie ins Ausland zu exportieren.

Es ist für deutsche Unternehmen nicht einfach, sich endgültig auf einen Wunschpartner festzulegen. Wegen der Komplexität der Analyse werden chinesische Lieferanten oft überschätzt. Die Auswirkungen eines solchen Irrtums können oft kostspielig werden. Falls es um ein großes Beschaffungsprojekt in China geht, sollten deutsche Unternehmen am besten mit Hilfe einer chinesischen Consulting-Firma, die den Hauptsitz in Deutschland hat, gezielte und detaillierte Analysen über die Leistungsfähigkeit der Wunschpartner vornehmen lassen. Da eine solche Consulting-Firma in China eine eigene Niederlassung haben sollte und damit den chinesischen Beschaffungsmarkt besser kennt, könnte sie frühzeitig mit den potentiellen Lieferanten Kontakt aufnehmen und deren Leistungsfähigkeit sorgfältig vor Ort überprüfen. So wird das Wissen über die Stärken und Schwächen des Partners dem Einkäufer eine bessere Verhandlungsposition verschaffen und somit das Risiko minimieren.

4.1.2 „Soft Information“ für die Verhandlung

Bei Geschäftsbeziehungen mit ausländischen Lieferanten muss sich der Einkäufer nicht nur über die vorher erwähnten Rahmenbedingungen, sondern auch über die „Soft Information“, wie beispielsweise Geschichte, Kultur, Mentalität, Politik und Tabus des Landes, informieren. Die folgenden Erklärungen lassen deutsche Einkäufer Chinesen besser verstehen und helfen ihnen, erfolgreiche Verhandlungen mit chinesischen Lieferanten zu führen.

4.1.2.1 Charakter des modernen chinesischen Nationalismus

Ein großer Teil der chinesischen Eliten ist ca. zwischen 30 und 40 Jahren alt. Sie sind meistens am Ende der 60er oder in den 70er Jahren des letzten Jahrhunderts geboren. Auch die Elite aus den 80ern tritt langsam in den Vordergrund. Wenn deutsche Einkäufer die Merkmale des Charakters des modernen chinesischen Nationalismus gut kennen, sind sie in der Lage, erfolgreicher mit chinesischen Lieferanten zu verhandeln.

Seit über 10 Jahren lebe ich nun in Deutschland. In dieser Zeit hat sich die Wirtschaft in China überraschend schnell entwickelt, so dass ich bei jedem Besuch in China die Menschen wieder neu kennen lernen muss. Chinesen sind viel offener geworden. Besonders die jungen Leute, die in den 80er Jahren des letzten Jahrhunderts geboren sind, kann man aus westlicher Sicht kaum mit dem alten Eindruck über traditionelle Chinesen in Verbindung bringen, nämlich zurückhaltend, schüchtern, sparsam, indirekt. Die jüngere Generation ist im Allgemeinen viel offener, selbstbewusster, innovativer, direkter, aktiver und rebellischer geworden. An der Rettungsorganisation bei der Erdbebenkatastrophe in Sichuan im Mai 2008 und an der Organisation der Olympischen Spiele 2008 haben sich viele Freiwillige beteiligt und damit der ganzen Welt den chinesischen Nationalstolz gezeigt. Das Wort Nationalstolz ist für Chinesen von großer Bedeutung.

Für die in den 80ern geborenen sind Pflichtauffassung und Zuverlässigkeit weniger wichtig. Sie streben mehr nach Ruhm und Reichtum. Eine Ursache dafür wird in der chinesischen „Ein-Kind-Politik“ gesehen. Die „Ein-Kind-Politik“ bedeutet, dass jede Familie nur ein Kind haben darf. Wer ohne Genehmigung vom Geburtenplanungsamt ein zweites Kind bekommt, wird abgestraft. Aus diesem Grund werden die Kinder von Eltern und Großeltern zum großen Teil maßlos verwöhnt. Sie bekommen vielfach alles, was sie haben wollen und werden zu Hause als „Sonne“ oder „König“ bezeichnet. Sie helfen ihren Eltern fast nie bei der Hausarbeit. Die einzig wichtige Sache ist Lernen und gute Noten zu schreiben. Dabei investieren viele Eltern für die Ausbildung ihrer Kinder sehr viel Geld. Es ist kein Wunder, dass die meisten Kinder daher in der Schule schon perfekt Englisch sprechen oder viele Instrumente sehr gut spielen können, sogar schon Preise bei verschiedenen internationalen Wettkämpfen im Bereich Kunst, Mathematik etc. gewonnen haben. Teamarbeit ist für sie ein Fremdwort. Sie sind eingebildet und egozentrisch. Viele wechseln ihre Arbeit häufig, da für sie die Arbeit ein Vergnügen sein muss.

Im Vergleich zu dieser Generation sind diejenigen, die von Ende der 60er bis zum Ende 70er Jahre geboren wurden, engagierter, verantwortungsbewusster, fleißiger, standhafter, pragmatischer und teamfähiger. Sie können in Situationen hoher Belastung zuverlässig arbeiten. Wegen der langjährigen Kriege der Vergangenheit verlor China sehr viele Menschen. Daher befürwortete die Mao-Regierung von den 50ern bis zur Mitte der 70er Jahre, viele Kinder zu bekommen. Mütter mit vielen Kindern wurden als „Held-Mütter“ bezeichnet. Es entstanden viele große Familien in dieser Zeit. Die Leute, die in dieser Zeit geboren sind, sind meistens in großen Familien aufgewachsen. Daher ist Teamarbeit ihnen von der Kindheit an schon bekannt. Dagegen sind sie aber zurückhaltender und weniger innovativ[44].

---

[44] L. Liu: *Unterschiede zwischen 70er und 80er* unter http://www.xyshjj.cn/Article/xwzx/jyzd/200805/20080519094544.html

4.1.2.2 Die Kernphilosophien in China

Der Charakter des chinesischen Nationalismus wird durch die chinesische Kultur und Geschichte stark beeinflusst. China ist ein Land mit 5000 Jahren Geschichte und hoher Kultur. Die chinesische Kultur gilt als ganz entscheidender Faktor für geschäftliche Erfolge. Die modernen chinesischen Unternehmen sind in der traditionellen chinesischen Kultur und Philosophie verankert, ähnlich wie die westlichen Unternehmen, deren Wurzeln ins alte Europa zurückreichen. In den vergangenen tausend Jahren lebten in China viele Denker, von denen einige bis heute noch Auswirkungen auf die ganzheitliche Weltsicht von Chinesen haben, wie Sun Tzu (535 v. Chr.), Konfuzius (551-479 v. Chr.) oder Laotse (600-500 v. Chr.).

Der Denker und General Sun Tzu[45] hat das Werk „36 Strategien über die Kriegskunst" geschrieben. Es ist heutzutage weltweit bekannt. Es wurde in mehrere Sprachen übersetzt und auch im Wirtschaftsbereich weiterentwickelt. Die 36 Strategien können beispielsweise für das moderne Management (wie strategisches Management) oder im Verhandlungsprozess umgesetzt werden, wenn man mit Chinesen erfolgreich ins Geschäft kommen will. Die wichtigsten Punkte der 36 Strategien, die im Verhandlungsprozess sehr hilfreich sind, werden im nachfolgenden Kapitel noch im Detail erklärt.

Konfuzius war chinesischer Philosoph im fünften Jahrhundert vor Christus und Begründer des Konfuzianismus, der auch heute immer noch große Bedeutung hat. Bei der Eröffnungsfeier der olympischen Spiele 2008 in Beijing konnte man seinen starken Einfluss bemerken. Die Theorie „Harmonie" (和 He) wurde durch Tanzkunst interpretiert. Als Ideal galt Konfuzius der „Edle" (君子 Junzi), ein moralisch einwandfreier Mensch. Edel kann der Mensch dann sein, wenn er sich in Harmonie mit dem Weltganzen befindet: „Den Angelpunkt zu finden, der unser sittliches

45 R. Moritz: *Konfuzius*: Gespräche. Stuttgart, 1998, S. 95.

Wesen mit der allumfassenden Ordnung, der zentralen Harmonie vereint", sah Konfuzius als das höchste menschliche Ziel an[46]. Dabei galten ihm „Harmonie und die Doktrin des Mittelwertes, Gleichmut und Gleichgewicht" als erstrebenswert.

Die Doktrin des Mittelwertes zeigt das Konzept und die Verhaltensnorm des chinesischen Volkes. Sie hat Bedeutung bei der Prävention von Extremismus und ist förderlich für die soziale Harmonie, Wiedervereinigung, und die kollektive und soziale Stabilität. Negative Wirkungen gibt es aber ebenfalls, da die menschliche Persönlichkeit getilgt und die Kreativität beschränkt werden. Daher ist es nicht förderlich für Innovation und Entwicklung. Z.B. haben sich meine ehemaligen deutschen Kollegen sehr oft bei mir beschwert, dass die Mitarbeiter der chinesischen Geschäftspartner nur mit einem genau definierten Plan arbeiten können, weil sie Angst vor Verantwortung hätten. Das heißt aber nicht, dass sie nicht in der Lage sind, die geplante Arbeit gut zu bewältigen. Der deutsche Partner muss versuchen, dem chinesischen Partner zu helfen bzw. ihn zu erziehen, um eine Win-Win-Situation zu erreichen und eine langfristige Beziehung zu entwickeln. Die Kommunikationsart und -weise spielen dabei eine wichtige Rolle. Dazu sollten deutsche Einkäufer die Unterschiede der Denkweise zwischen Chinesen und Deutschen gut kennen. Im nächsten Abschnitt sollen diese Unterschiede ermittelt werden.

4.1.2.3 Unterschiede zwischen Deutschen und Chinesen

Das Denken von Deutschen und Chinesen ist sehr unterschiedlich. Geschäfte zwischen den beiden Partnern können nur gelingen, wenn die Denkweisen beider Seiten bekannt sind. Die chinesische Künstlerin Yang Lu hat sehr sensibel die unterschiedlichen Denkweisen zwischen Deutschen (links) und Chinesen (rechts) beschrieben[47]. Die folgenden Abbil-

---

[46] *Konfuzius* unter www.whoswho.de/templ/te_bio.php?PID=674&RID=1.

[47] F. Zh: *Unterschiede zwischen Deutschen und Chinesen* unter http://news.21cn.com/luntan/2007/10/16/3743624.shtml. 2007, S. 1-4.

dungen zeigen einige Beispiele, die für deutsche Einkäufer bei der Beschaffung in China besonders interessant sind (Abbildung 9 a-h):

a) Meinung

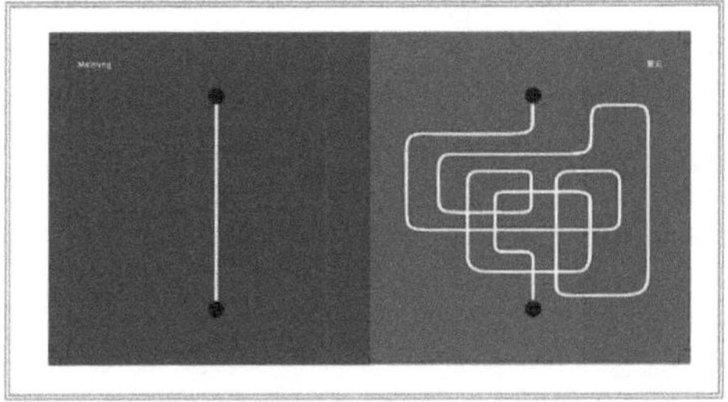

Wie vorher erwähnt wurde, ist die Wahrung der Harmonie ein zentraler Grundwert der chinesischen Gesellschaft. „Daher werden Kritik und Missfallen nicht direkt ausgedrückt, sondern indirekt und implizit, d.h. der Empfänger von Kritik wird diese womöglich nicht als solche erkennen bzw. verstehen, da die verwendeten Wörter nicht negativ behaftet scheinen."[48] Aus dem folgenden Dialog zwischen dem deutschen Einkäufer *D* und dem chinesischen Lieferant *C* kann man diese Merkmale gut erkennen:

<u>Einkäufer *D*</u>: Herr C, können Sie uns bitte bis spätestens zum 30.08.2008 ein Musterstück von Typ B in mein Büro bringen?

<u>Lieferant *C*</u>: Ok, ich *werde versuchen*, das Musterstück rechtzeitig zu fertigen und Ihnen in Ihr Büro zu bringen. Falls etwas nicht in Ordnung ist, werde ich mich bei Ihnen melden. Dann können wir gemeinsam eine Lösung finden.

48 F. Kleemann: *Der chinesische Verhandlungsstil.* Fachhochschule Landshut, 2005, S. 9.

Der Ausdruck *„werde versuchen“* zeigt die Unsicherheit des Lieferanten *C* über den von Einkäufer *D* vorgeschlagenen Termin. Wenn beide Rollen getauscht werden würden, wie sehe dann die Antwort aus? Der Dialog zwischen dem deutschen Lieferanten *D* und dem chinesischen Einkäufer *C* könnte z.B. wie folgt aussehen:

Einkäufer *C*: Herr D, können Sie uns bitte bis spätestens 30.08.2008 ein Musterstück für Typ B in mein Büro bringen?

Lieferant *D*: *Nein, leider ist das zeitlich nicht möglich*, weil... *Wir können vielleicht*...oder...

Lieferant *D* sagt mit seinem *„nein“ ganz direkt, dass der Zeitplan nicht einzuhalten ist. „Wir können vielleicht*“ zeigt aber seinen Willen, gemeinsam eine Lösung zu finden. Wenn man die beiden Dialoge miteinander vergleicht, kann man leicht merken: Während in China Konflikte vermieden werden sollen, empfinden es gerade Deutsche, deren Sprache relativ explizit ist, als viel einfacher, die wahre Bedeutung des Sprechers zu erfassen.

> „Als Vorschlag sollte bei der verbalen Kommunikation mit Chinesen immer beachtet werden, wie der jeweilige Kontext die Bedeutung einer Aussage beeinflussen könnte und welche Interpretationsmöglichkeiten entstehen können. Man muss also beachten, ob möglicherweise eine versteckte Kritik oder etwas ähnliches ausgedrückt wird.“[49]

---

[49] Ebd.

b) Umgang mit Problemen

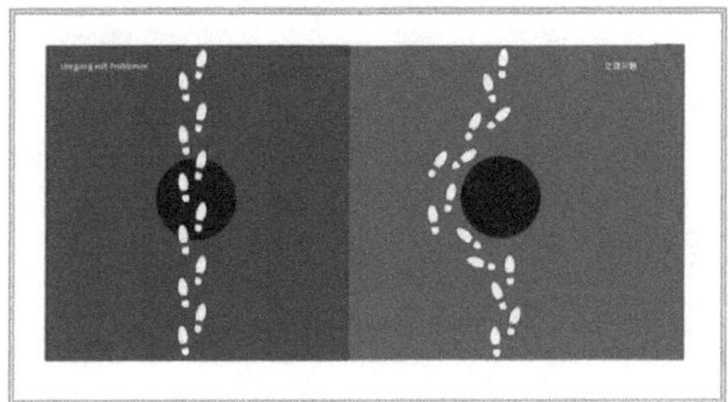

Wie verhalten sich Deutsche und Chinesen, wenn ein schweres Problem auftritt? Deutsche gehen sehr offen und direkt mit Problemen um und versuchen sie zu lösen, auch wenn die Lösung sehr viel Zeit in Anspruch nehmen könnte. In den Augen vieler Chinesen sind die meisten Deutschen förmlich, sehr ernst, streng, hochnäsig und unflexibel. Im Vergleich dazu sind Chinesen viel flexibler. Bei einem Problem bevorzugen Chinesen den schnellsten Weg zur Lösung des Problems. Für sie ist es sinnvoller, bessere Resultate bei einem geringeren Einsatz zu erzielen. Beispielsweise ist es üblich, das Problem zuerst zur Seite schieben, um Zeit zu sparen und die Effektivität zu erhöhen. Erst später versuchen Chinesen dann, einen einfachen Weg um das Problem herum zu finden. Sie versuchen nicht, das Problem kompliziert und direkt zu lösen. Chinesen sind im Vergleich zu Deutschen Opportunisten. Die meisten Chinesen sind der Meinung, dass sie selbst die diplomatischsten und intelligentesten Menschen auf der ganzen Welt sind. Hingegen sind viele Deutsche der Ansicht, dass die meisten Chinesen unzuverlässig, inaktiv und zu wenig innovativ sind. Bei Problemfällen sind sie nicht in der Lage, unabhängig ihre Arbeit zu verrichten.

Diesen Unterschied frühzeitig zu erkennen, ist sehr wichtig für ein erfolgreiches Geschäft zwischen den beiden Partnern. So können viele Missverständnisse vermieden werden.

c) Wutausbruch

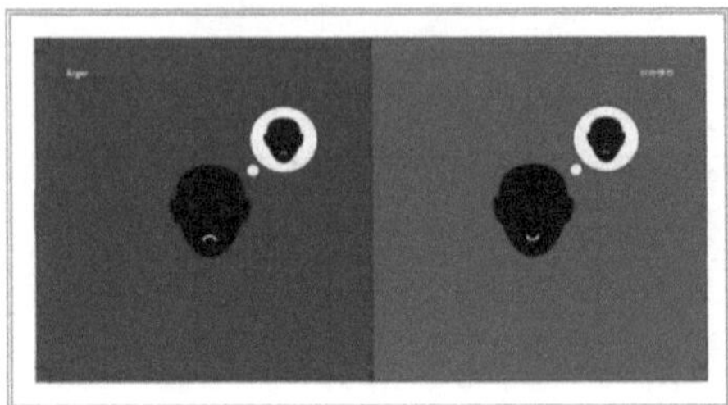

Wenn Deutsche erzürnt sind, zeigen sie ihre Entrüstung oft direkt und laut nach außen hin, bis sie sich abreagiert haben. Von klein auf wurden Chinesen hingegen dazu erzogen, dass ein intelligenter Mensch eine gewisse Selbstkontrolle haben sollte. Sprichwörtlich sagt man, dass Taten mehr ausdrücken als Worte. So drückt dieses Sprichwort genau die typische chinesische Denkweise aus. Dazu gehört es auch, eine gewisse Toleranz zu bewahren, das heißt, dass man zwar wütend sein darf, aber diese Wut hinter einem schönen Lächeln verbergen sollte und anschließend versuchen sollte, über den Auslöser ruhig zu argumentieren.

Deshalb ist es sehr wichtig, bei einer Verhandlung mit Chinesen die Mimik, den Ton und die verwendeten Wörter des chinesischen Partners genau zu beobachten. Ein schönes Lächeln spiegelt leider kein direktes Ergebnis der Verhandlung wider. Es ist also sehr wichtig, die Geduld bei der Kommunikation zu bewahren.

d) „Ich“

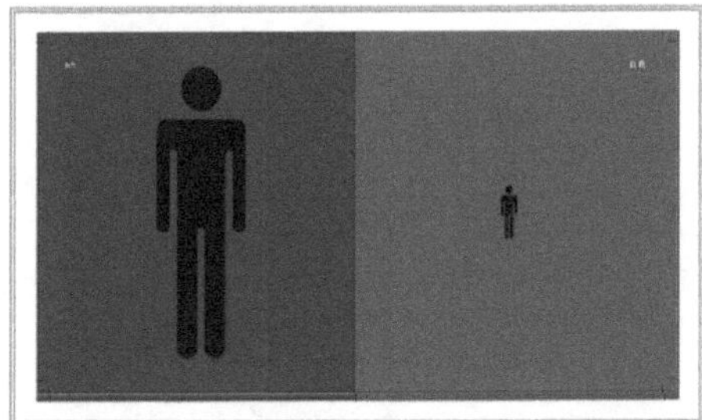

In den Augen vieler Deutscher bedeutet das „Ich“ ein Individuum. So äußern sie während der Arbeit direkt ihre eigene Meinung. Im Gegensatz zu vielen Deutschen ist das „Ich“ für Chinesen weniger wichtig; das Interesse des Kollektivs rückt in den Vordergrund. Wenn die Gemeinschaft über das Individuum gestellt wird, verliert das Individuum mehr oder weniger seine Bedeutung.

e) Lebensstil

Wie schon zuvor erwähnt, ist in Deutschland das Interesse des Individuums oft vorrangig. Im Vergleich dazu rückt das Wohlergehen der Gruppe (Unternehmen oder Familie), der sich ein Chinese zugehörig fühlt, für ihn in den Fokus. Das chinesische Wort „Danwei“ erklärt genau diese Merkmale. „Danwei“ bedeutet soviel wie Lebensgemeinschaft und soziale Vollversorgung durch das Unternehmen (besonders bei staatseigenen Firmen). Beispielsweise ist in China die Berufs- und Bildungswelt in so genannten „Danwei“ (Einheiten) organisiert. Zu diesen Einheiten zählen alle Personen samt Familie, die mit einer Firma oder Schule in direkter Beziehung stehen.

f) Pünktlichkeit

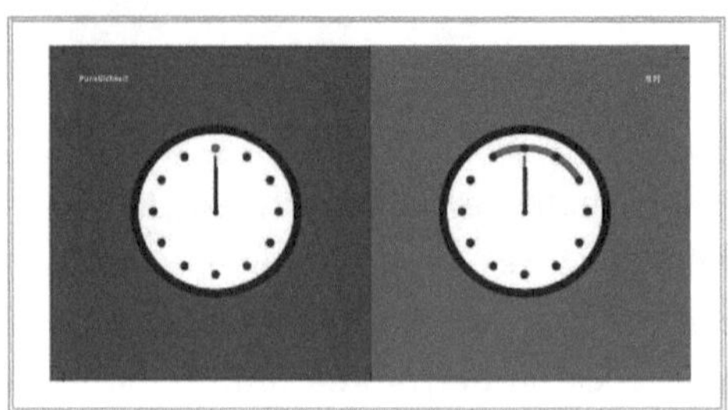

Bei Betrachtung des Bildes ist sofort nachzuvollziehen, was Pünktlichkeit dem Deutschen bedeutet. Sie wird als deutsche Tugend angesehen. Westliche Länder haben einen relativ schlechten Eindruck von dem chinesischen Konzept von Zeit. Unpünktlichkeit ist fast zu einem Synonym für Chinesen geworden und wenn ein Chinese in diesem Punkt versagt, werden seine anderen Tugenden ebenfalls von vornherein angezweifelt. Im Chinesischen kommen häufig Ausdrücke wie „ungefähr" oder „circa" bei Terminvereinbarungen im alltäglichen Leben vor. Wenn Sie also mit einem Chinesen (*C*) einen Termin vereinbaren, könnte dies wie folgt ablaufen:

Deutscher D: Herr C, können wir uns morgen treffen? Wann hätten Sie Zeit?

Chinese C: Herr D, wir können uns gerne *morgen Vormittag, nachmittags* oder *abends* treffen, wann es Ihnen am besten passt. (Die ungenauen Angaben „*morgen Vormittag, nachmittags* oder *abends*" zeigt die chinesische Gewohnheit, „kein Konzept von Zeit" zu besitzen)

Deutscher D: Können wir uns dann morgen Abend in XX treffen? Und *um wie viel Uhr*? („*Um wie viel Uhr*" zeigt die typisch deutsche Tugend „Pünktlichkeit")

Zu betonen ist, dass die Chinesen ihr Image mittlerweile verbessert haben. Aufgrund der Globalisierung ist die Häufigkeit internationaler Zusammenarbeit zwischen Chinesen und Menschen aus westlichen Ländern gestiegen. Dabei haben viele Chinesen gelernt, wie wichtig Pünktlichkeit ist, besonders in Metropolen wie Shanghai oder Peking. Dort wurden die Menschen sehr vom Westen beeinflusst. In der Regel beherrschen sie mindestens eine Fremdsprache und für sie gilt das Sprichwort „Zeit ist Geld"; Pünktlichkeit ist hier genauso wichtig wie in Deutschland. Aber in unterentwickelten Gebieten sowie zentralen und westlichen Regionen Chinas, wie den Provinzen An Hui, He Nan und Gan Su, sind die Leute relativ konservativ. Bei einer Sitzung mit einer Verspätung von ca. 10-20 Minuten zu erscheinen, ist noch legitim. Als Einkäufer sollte man also aufpassen, wie man hier einen Termin vereinbart. Dementsprechend sollte der Einkäufer am besten mehrmals betonen, wie wichtig Pünktlichkeit für ihn ist und sich ggf. kurz vor dem Termin beim chinesischen Partner melden.

g) Beziehungen

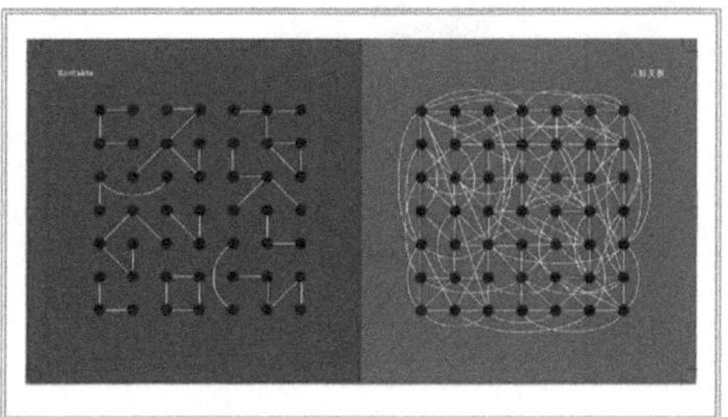

Wie aus dem Bild ersichtlich, wird die komplexe soziale Beziehung in China einen Deutschen, der zuvor noch nie mit Chinesen zusammen gearbeitet hat, sicherlich überraschen. Wie bereits in vorangegangenen Abschnitten dieser Arbeit erwähnt wurde, haben Chinesen ein besonders starkes Zusammengehörigkeitsgefühl. Dies wird im „Guanxi"-Konzept nochmals betont. „Guanxi" beschreibt die Beziehung zwischen Personen oder ein Netzwerk persönlicher Beziehungen, von dessen Wirken in

China kaum eine Entscheidung unbeeinflusst bleibt[50]. Wirtschaftliches und gesellschaftliches Vorankommen ist in China eng mit dem persönlichen Guanxi verbunden. Das basiert auf einer Art Vertrauensverhältnis, das in China eine sehr hohe Bedeutung hat, da eine Vertrauensbasis ein Teil eines Netzwerks wird und vielleicht dem Einkäufer später nützlich sein kann. Der Aufbau persönlicher Beziehungen mit den Geschäftspartnern erfolgt oft durch gemeinsame private Unternehmungen.

Ein ausgedehntes Netzwerk von Beziehungen zu einflussreichen Personen zu unterhalten, ist in China also unabdingbar. Wenn eine staatliche Firma beispielsweise vier LKWs kaufen möchte und den Auftrag ausgeschrieben hat und nun ein Geschäftsmann eine gute Beziehung zum Chef dieser Firma hat, bekommt dieser Geschäftsmann bereits vorher detaillierte Informationen über den Basiskaufpreis und existierende Angebote. Auf diese Weise kann er den Auftrag mühelos bekommen.

h) Oberster Entscheidungsträger

Die Figur in weiß bezeichnet den Chef, der ein politischer Beamter (wie z.B. Bürgermeister) oder Geschäftsführer eines Unternehmens sein kann. Regierungsbeamte haben in China eine andere Bedeutung als in Deutschland. Sie werden als Eltern bezeichnet, die sich um ihre Bürger wie um ihre eigenen Kinder sorgen. Der Regierungsbeamte ist vergleichbar mit einem König. Er hat viel Macht und niemand darf ihm widersprechen; er ist immer der Entscheidungsträger. Der Geschäftsführer

[50] *Chinapedia* unter http://www.wanshi-reisen.ch/Chinapedia.asp?page=2.

hat auch ähnliche Machtbefugnisse bzw. ein ähnliches Image in seinem Unternehmen. Der Geschäftsführer ist ebenfalls der Entscheidungsträger, in erster Linie bei Verhandlungen. Für deutsche Einkäufer ist es daher sehr wichtig zu wissen, mit wem er verhandeln sollte. So sollte der Einkäufer beispielsweise eine gute Beziehung zu demjenigen aufbauen, der den Preis bestimmen kann, um so bessere Resultate bei geringeren Kapitaleinsätzen zu erzielen.

Weiterhin sollten sich deutsche Einkäufer auch darüber im Klaren sein, dass chinesische Unternehmer wesentlich stärker von gesellschaftlichen Aspekten und der allgemeinen Unternehmensphilosophie geprägt sind als deutsche Unternehmer. Gegenwärtig sind noch viele chinesische Firmen von der Planwirtschaft beeinflusst. So gibt es bis zum heutigen Tag immer noch viele staatseigene Firmen, bei denen die Entscheidungsfindung nicht nur vom Chef und dem gesamten Unternehmen ausgeht, sondern wo auch die Meinung des stadtverwaltenden Beamten berücksichtigt werden muss. So wird es erschwert, den Entscheidungsträger ausfindig zu machen. „Es kommt z.B. häufig vor, dass Entscheidungen nicht direkt getroffen werden, sondern in hierarchisch höhere Ebenen delegiert werden, auch wenn das beim Umfang einer Entscheidung nicht nötig erscheint.“[51]

4.1.2.4 Kultureller Faktor „Mianzi“

Das chinesische „Mianzi“[52] wird im Allgemeinen mit „Gesicht“ übersetzt, es bezeichnet das Ansehen einer Person (oder Firma, Familie usw.) innerhalb einer Gruppe (z.B. in einem Verhandlungsteam). Auf ihr Gesicht legen Chinesen traditionell großen Wert. Tief sitzt bei Chinesen von Kindheit an die Angst, ausgegrenzt oder ausgelacht zu werden. Daher ist der Auf- bzw. Ausbau und Erhalt des „Gesichts“ für Chinesen von we-

---

[51] Y. Liu: *Kulturelle Besonderheiten* - bei deutsch-chinesischen Verhandlungen von Unternehmen. Leipzig, 2003, S. 73.

[52] *Kultureller Faktor Mianzi bei der Verhandlung* unter http://club.china.alibaba.com/club/post/view/40_8194492.html

sentlich größerer Wichtigkeit als in westlichen Kulturkreisen. Wenn man z.B. persönlichen Kontakt mit einem Politiker hat oder von einer anderen Person gelobt wird, erhält man sein Gesicht.

Man verliert sein Gesicht dann, wenn man den an die eigene soziale Rolle etwa als Vater, Angestellter oder Student gestellten Anforderungen nicht gerecht wird oder wenn man von jemandem zurecht gewiesen wird. Wenn jemand die Lüge eines Chinesen aufdeckt, dann ist dies sogar ein besonders starker Gesichtsverlust. „Allerdings ist es oft leichter, sein Gesicht durch (auch unbewusste) Handlungen zu verlieren, als es zu wahren. So kann man sich z.B. Respekt bei einem Verhandlungsprozess verschaffen, wenn man in einer chaotischen Situation die Ruhe bewahrt und weiterhin klare Entscheidungen trifft; man verliert aber ein gewisses Maß an Ansehen, wenn man in dieser Situation allzu unbeherrscht auftritt.“[53]

Wenn man sich im chinesischen Kulturraum bewegt, sollte man also in seinem Verhalten stark darauf achten, sein eigenes „Mianzi“ und das der anderen Menschen nicht zu beschädigen, indem man unbedacht handelt. Man sollte sich also vor Augen führen, welche Aufmerksamkeit z.B. der Höflichkeit, der Freundlichkeit, der Bescheidenheit und der Zurückhaltung zuteil wird[54].

4.1.3 Chinesische Absolventen in der Beschaffungsorganisation

Wer den Umgang mit chinesischen Partnern beherrscht, ist im Vorteil. Bevor deutsche Einkäufer nach China reisen, haben sie in der Regel in Deutschland bereits kulturelle Trainings über China absolviert. Aber in der Praxis treten dennoch Probleme auf. Es ist besonders schwer, die Mentalitätsunterschiede zu überbrücken. Es kann also sehr lange dauern, bis Geschäfte mit chinesischen Lieferanten erfolgreich abgeschlossen werden. Darüber hinaus ist eine solche Zusammenarbeit kostspielig, z.B.

---

[53] F.Kleemann: *Der chinesische Verhandlungsstil.* Fachhochschule Landshut, 2005, S.12.

[54] Ebd.

durch Reise- oder Personalkosten. Die Kommunikations- bzw. Verhandlungstechnik richtig zu beherrschen, fällt den meisten westlichen Einkäufern schwer. Deshalb suchen viele deutsche Unternehmen geeignete Personen, um mit Chinesen reibungslos zu verhandeln. Hier eignen sich besonders Personen, die außer Deutsch auch perfekt Chinesisch sprechen und die chinesische bzw. deutsche Kultur und Mentalität sehr gut kennen. Deshalb können chinesische Absolventen, die in Deutschland studiert haben, eine sehr gute Wahl sein. Umgekehrt können auch deutsche Studenten geeignet sein, die in China z.B. Sinologie studiert oder viele Jahre in China gelebt haben.

Seit den Reformen und der wirtschaftlichen Öffnung unter der Regierung Deng Xiaoping entstand eine größere Mittelschicht in China. So sind immer mehr Eltern in der Lage, ihren Kindern ein Studium im Ausland zu finanzieren, um ihnen bessere Zukunftschancen zu eröffnen. Die attraktivsten Zielorte für ein Studium liegen im Westen, vor allem in den USA und in Europa, besonders in Deutschland und England. Zurzeit studieren etwa 30.000 chinesische Studenten an deutschen Universitäten und Hochschulen. Wenn man diejenigen, die zwar nicht eingeschrieben sind, aber in Deutschland eine Aus- bzw. Weiterbildung in Anspruch nehmen, hinzurechnet, dann liegt die Zahl bei über 35.000. Die chinesischen Studenten bilden damit die größte Gruppe unter allen ausländischen Studenten in Deutschland. Auch die Zahl der Doktoranden und Gastwissenschaftler aus China ist hoch. Ein großer Anteil davon studiert Naturwissenschaften oder Ingenieurwesen, da die deutsche Technikerausbildung in China hoch geschätzt wird. Beispielsweise haben sich viele chinesische Studenten für Fächer wie Maschinenbau und Abfallwirtschaft eingeschrieben[55]. Während ihres Studiums lernen die Gaststudenten sehr viel über die deutsche Kultur, Mentalität, Geschichte und Politik. Durch Projektarbeit mit deutschen Kommilitonen können sie das Prinzip der Teamarbeit sehr gut verinnerlichen. Chinesische Studenten in Deutschland haben also die nötige interkulturelle Erfahrung für Geschäfte mit China. Daher wollen viele deutsche Unternehmen chinesische Kol-

---

55 *Statistik chinesische Botschaft* unter http://www.china-botschaft.de.

legen verstärkt in die eigene Betriebskultur integrieren. Konzerne wie Volkswagen binden Chinesen frühzeitig in die eigene Betriebskultur ein. Ein Beispiel ist auch die Eisenmann AG, die Teilkomponenten in China einkauft. Als Projektkoordinatorin arbeitet die Chinesin J., die an der Universität Stuttgart studiert hat, bei Eisenmann. Eisenmann hat in China zwar eigene Beschaffungsniederlassungen aufgebaut, aber es entstanden Kommunikationskonflikte zwischen dem Mutterhaus und den lokalen Lieferanten. Aus diesem Grund wurde Frau J. im Mutterhaus in Deutschland angestellt. Sie fliegt jeden Monat mit ihren deutschen Kollegen nach China, wo sie ihre Lieferanten besucht und die entstandenen Probleme so schnell wie möglich beseitigt. Durch ihre Beteiligung an den China-Projekten wurde die Zusammenarbeit mit chinesischen Lieferanten verstärkt.

Natürlich ist klar, dass es sich für ein Unternehmen bei einmaligen oder kurzfristigen Geschäften mit China nicht lohnt, zusätzliches Personal einzustellen. Für eine langfristige Strategie ist diese Investition jedoch sehr sinnvoll.

4.1.4 Die Besonderheiten chinesischer Verhandlungsteams

Wie im vorangegangenen Kapitel bereits erwähnt wurde, ist der Chef eines chinesischen Unternehmens normalerweise der Entscheidungsträger bei einer Verhandlung. Besonders wenn ein Lieferant Monopolist im Beschaffungsmarkt ist, tritt der Entscheidungsträger in der Regel in der ersten Gesprächsrunde nicht auf, sondern nur diejenige Person, die die Verhandlungen führt. Der Entscheidungsträger agiert aus dem Hintergrund heraus und greift nicht direkt in die Gespräche ein. Dennoch gibt er die Marschroute für das chinesische Verhandlungsteam vor. Deshalb sollte der Verhandlungspartner versuchen, diese Person möglichst schnell zu identifizieren und auf ihre Vorschläge oder Einwände besonderes Augenmerk richten[56].

---

[56] A. Blume: *Verhandlungen*: Verhandlungen im Reich der Mitte unter http://www.pfalz.ihk24.de/, 2005, S. 5.

Dabei sollte man besonders auf die Hierarchie unter den Vertretern achten. Der Entscheidungsträger hat in der Regel ein gewisses Alter erreicht und eine höherrangige Position in der Beschaffungsorganisation inne, da Chinesen ein ausgeprägtes Hierarchiedenken sowie einen generell größeren Respekt vor älteren Personen haben.

Wie im vorherigen Kapitel beschrieben wurde, ist es für den Verhandlungserfolg sehr wichtig, dass in der Anfangsphase eine Vertrauensbasis mit dem chinesischen Partner geschaffen wird. Chinesen bauen in der Regel Vertrauen zu Personen und nicht zu Institutionen auf, weshalb ein ständiger Wechsel im Verhandlungsteam dem Erfolg der Verhandlung abträglich wäre. Es muss also darauf geachtet werden, dass die Zusammensetzung des Teams über die gesamte Dauer der Verhandlungen möglichst gleich bleibt. Nach Dommasch sollte der Einkäufer darüber hinaus vor dem Gespräch vom Gesprächspartner verlangen, dass kompetente Mitarbeiter der Fachabteilungen, wie z.B. Ingenieure aus der Forschungsabteilung, Techniker oder Produktionsfachleute, am Gespräch teilnehmen[57]. Denn es gibt nur sehr wenige gut ausgebildete Verkäufer, die alle Fragen des Einkäufers detailliert beantworten können. Wenn man chinesische Verkäufer beispielsweise auffordert, gemeinsam Zeichnungen, Rohmaterialien oder Fertigungsmethoden zu analysieren, weichen sie diesen Forderungen häufig aus. Aufgrund des Zeitdrucks bei einer Auslandsreise ist die Effektivität der Zusammenarbeit für Einkäufer sehr wichtig. Also kann die Verhandlung bei einer großen Anzahl an kompetenten Mitarbeitern viel einfacher, effektiver und reibungsloser verlaufen, da der Einkäufer auf jede seiner Fragen kompetente Antworten erhalten kann.

Die Auswahl des richtigen Dolmetschers ist ein weiteres wichtiges Thema vor Beginn einer Verhandlung. Wenn die Verhandlung in zwei Sprachen (Chinesisch-Deutsch oder Chinesisch-Englisch) durchgeführt werden soll (wobei sich Englisch als Verhandlungssprache immer mehr durchsetzt), sollte der Dolmetscher nicht nur ein hohes Maß an fachlicher, sondern

---

57 E. C. Dommasch: *Der Profi-Einkäufer*. Basiswissen und Arbeitsmethoden. Frankfurt/Main, 2000, S. 144-145.

auch an emotionaler Kompetenz mitbringen, um in den entscheidenden Situationen als Mittler zwischen den Kulturen auftreten zu können und möglichen Problemen durch angepasste Übersetzung vorbeugen zu können[58].

4.2 Verhandlung

Im vorherigen Kapitel wurde ein Einblick in die Vorphase der Verhandlungen und Informationen über die chinesische Kultur gegeben. Des Weiteren wurden die unterschiedlichen Denkweisen von Deutschen und Chinesen verdeutlicht und die Besonderheiten chinesischer Verhandlungsteams erläutert. Dieses Kapitel beinhaltet eine Beschreibung der Hauptphase der Verhandlung. Eine geeignete Verhandlungstechnik mit chinesischen Lieferanten wird ebenfalls erklärt.

4.2.1 Erste Schritte zum Erfolg

Wie bereits erwähnt wurde, muss sich ein Einkäufer schon auf das erste Sondierungsgespräch mit einem chinesischen Lieferanten im Detail vorbereiten. „Er darf aber nicht unverblümt mit der Tür ins Haus fallen oder sich ahnungslos und unvorbereitet vom jeweiligen Lieferanten über den Tisch ziehen lassen."[59] Die erste Vorbereitung ist ähnlich, wie bei einem Gespräch mit einem deutschen Lieferanten. So sollten die Ergebnisse der Marktforschung und die Marktpreise der Teilkomponenten vorliegen. Der Einkäufer sollte wissen, ob sein Lieferant zu den Marktführern gehört und wie viel Gewinn er erzielt. Der Einkäufer sollte über alle bisherigen Geschäfte und Konditionen informiert sein, um adäquat reagieren zu können, falls der Lieferant bei den Verhandlungen eine Preiserhöhung verlangt. Er sollte über eine Liste mit sämtlichen Preisen der Produkte,

---

58 A. Blume: *Verhandlungen*: Verhandlungen im Reich der Mitte unter http://www.pfalz.ihk24.de/, 2005, S. 7.

59 E. C. Dommasch: *Der Profi-Einkäufer*: Basiswissen und Arbeitsmethoden. Frankfurt/Main, 2000, S. 138.

die beim Lieferanten bezogen werden, verfügen. Über Einstandspreise, die gesamten Jahresstückzahlen und Jahreseinkaufssummen pro Teil sollte er sich informiert haben. Um Vergleiche anstellen zu können, sollten Informationen wie die Gesamtumsätze der vergangenen Jahre ebenfalls präsent sein.

„Zum Erzielen des Erfolgs ist eine solch exakte Vorbereitung für Einkäufer notwendig und von großem Vorteil. Es ist immer gut zu wissen, wovon man spricht.“[60] Es dürfen keine Details übersehen werden, die Kosten verursachen könnten. Dies gilt insbesondere für die Vertragsbedingungen. Gute Einkäufer können die wichtigsten Klauseln auswendig. „Besondere Detailkenntnisse sind von entscheidender Bedeutung.“[61] Während der Gespräche kann es immer passieren, dass der Einkäufer den Faden verliert oder ein paar Punkte vergisst. Um das zu vermeiden, sollten Einkäufer unter Zuhilfenahme der Standardfragen eine Liste mit Besprechungspunkten erstellen, die wie folgt aussehen könnte[62]:

- Interessiert sich der Lieferant für den Auftrag? Wie stark ist sein Interesse?
- Wo und wie teuer kauft der Lieferant ein?
- Was sind die Kernprodukte?
- Existieren viele oder nur wenige potentielle Lieferanten, existiert ein Monopol?
- Wenn der Lieferant kein Monopol besitzt, wer sind seine Hauptkonkurrenten?
- Wie hilfsbereit und einsatzfreudig zeigt sich der Lieferant?
- Wie sieht sein Plan für die Zukunft aus?
- Wie gut ist sein Service?
- Wie funktioniert die Qualitätskontrolle? Wie gut ist seine Produktivität?

---

60 Ebd.

61 Ebd.

62 Ebd. S. 139.

Um leichter und schneller zum Verhandlungserfolg zu kommen, sollte der Einkäufer also besser mehr Zeit in die Vorbereitung investieren. Bevor die deutsche Verhandlungsdelegation in China angekommen ist, sollten die ausführlichen Vorbereitungen abgeschlossen sein. Denn die Einkäufer müssen sich am Ort der Verhandlung zunächst im neuen, zumeist ungewohnten Umfeld zurechtfinden. Der folgende Abschnitt enthält eine Reihe von Aspekten, die es hierbei zu beachten gilt.

4.2.2 Begrüßung

In China ist die Begrüßung die Vorstufe eines persönlichen Kennenlernens[63]. Am Verhalten des Gastes kann man leicht erkennen, ob er schon einmal Erfahrungen in China gemacht hat. Die Reihenfolge der Begrüßung ist in China stark mit der Hierarchie und dem Alter der zu Begrüßenden verbunden. Wer eine höhere Position innehat oder älter ist, sollte zuerst vorgestellt werden. Dabei ist die korrekte Anrede auch sehr wichtig. Schon ein Fehler hier kann zu einem Gesichtsverlust führen[64]. Doch aufgrund der Komplexität der chinesischen Sprache sind die meisten westlichen Einkäufer nicht in der Lage, die Namen der chinesischen Partner richtig auszusprechen; das schadet jedoch nicht. Chinesen sind zwar stolz auf ihre eigene Kultur und Sprache, jedoch haben sie viel Verständnis für Schwierigkeiten bei der Aussprache. Es ist besser, wenn Deutsche den Smalltalk auf Chinesisch vornehmen können. Wichtige Begriffe hier sind „*ni hao*“ (Guten Tag) oder „*hen gao xing ren shi nin*“ (ich freue mich, Sie kennenzulernen). Damit kann eine lockere Atmosphäre geschaffen und die Vertrauensbasis mit Chinesen hergestellt werden.

Auch tauschen Geschäftspartner bei der Begrüßung in China die Visitenkarten aus. Doch auch hier gibt es Details zu beachten: In Europa werden Visitenkarten mit einer Hand gereicht, in China gilt das als unangemessen. Man tauscht hier nicht nur einfach die Karten, sondern

63 F.Kleemann: *Der chinesische Verhandlungsstil.* Fachhochschule Landshut, 2005, S. 18.

64 Ebd.

bringt dem Partner mit dem Überreichen der Visitenkarte Respekt entgegen[65]. Die Visitenkarten sollten zweisprachig (Englisch-Chinesisch) sein. Beim Austausch sollte der Einkäufer die Visitenkarte immer mit beiden Händen halten und in einem 60 Grad Winkel etwa auf Brusthöhe des Gegenübers anheben, dabei stets den Körper leicht nach vorn beugen. In der gleichen Weise überreicht man Gästen Kaffee oder Tee, denn man bietet dem Gast nicht nur einfach ein Getränk an, sondern zeigt ihm gleichzeitig Respekt und Höflichkeit. Nach Annahme der Visitenkarte sollte der Name und Titel schnell gelesen und die angenommene Visitenkarte auf den Tisch gelegt werden. Dies geschieht in China oftmals bei einem Essen.

4.2.3 Geschäftsessen

Es ist üblich, dass ein chinesischer Partner den Einkäufer zu einem Geschäftsessen einlädt. Chinesen sehen das gemeinsame Essen vor allem als Gelegenheit, sich besser kennenzulernen, weshalb der Einkäufer auch nicht ständig nur über das Geschäft reden, sondern auch ein bisschen Smalltalk betreiben sollte. Das zeigt seinen Gastgebern, dass er nicht immer nur an das Geschäftliche denkt.

Kurz nach der Begrüßung sollte der Einkäufer bei einem Geschäftsessen auf die Sitzordnung achten (ähnlich wie bei der Begrüßung). Nach der traditionellen Sitzordnung sitzt der Ehrengast immer schräg gegenüber der Tür. Normalerweise bestellt der chinesische Gastgeber sehr viele Speisen, mehr als gegessen werden können, mit ca. 12 Gängen (je nach Größe der Delegation). Der Gast sollte also immer einen Rest auf seinem Teller übrig lassen und nicht komplett aufessen, sonst macht sich der Gastgeber Sorgen, dass er zu wenig bestellt haben könnte und bestellt noch mehr. Daran zeigt sich die Gastfreundlichkeit und Höflichkeit des

---

[65] Huang: *Das interkulturell-kompetente Verhalten gegenüber chinesischen Geschäftspartnern* unter http://ixpatriate.de/erfahrungsberichte/kulturelle-besonderheiten/das-interkulturell-kompetente-verhalten-gegenueber-chinesischen-geschaeftspa.html?Itemid=48.

chinesischen Gastgebers. Im Vergleich zum westlichen Kulturraum hat das Geschäftsessen in China also eine größere Bedeutung[66].

Außerdem spielt Alkohol eine wichtige Rolle beim Essen. Der Alkohol dient dem Aufbau persönlicher Kontakte. Während des Essens wird sehr viel getrunken, so dass die Hemmschwelle gesenkt wird. Allerdings sollte man auch eine gewisse Vorsicht walten lassen und nicht zu viel trinken, da oft mehrere gemeinsame Runden bestellt und dann direkt getrunken werden[67]. Besonders in Nord- und Mittel-China wird sehr viel Schnaps mit ca. 54% Alkohol getrunken. Die dort ansässigen Menschen sind sehr offen und gastfreundlich. Beim Essen spiegelt sich ihre Gastfreundlichkeit im Alkohol wider. Je mehr man trinkt, desto achtenswerter ist man. Der Einkäufer wird oftmals geradezu gezwungen, viel zu trinken. Wenn der Einkäufer nun keinen Alkohol trinken möchte, sollte er dem Gastgeber einen konkreten Grund nennen, wie z.B. die Einnahme einer mit Alkohol unverträglichen Tablette, eine Alkoholunverträglichkeit oder einen anderen plausiblen Grund. Hingegen ist für Einkäufer aus dem Westen das Geschäftsessen in Süd-China wie z.B. in Shanghai deutlich einfacher. Einkäufer sind hier nicht gezwungen, so viel Alkohol zu trinken, da Shanghai viel westlicher geprägt ist. Hier trinkt man z.B. mehr Reisschnaps, Bier oder auch Rotwein. Über 30.000 Deutsche leben gegenwärtig in Shanghai.

4.2.4 Selbstsicherheit bei der Verhandlung

Nach dem Kennenlernen kann die Verhandlung beginnen. Es ist für den Einkäufer unabdingbar, bei der Verhandlung stets Selbstsicherheit zu demonstrieren. Dabei ist nicht nur die Persönlichkeit und eine gute Leistung wichtig, sondern auch das richtige Verhalten gegenüber dem Lieferanten. Nur derjenige, der sich selbstsicher und intelligent verhält, kann

---

66 *Chinesische Essenskultur* unter http://my.icxo.com/?uid-253327-action-viewspace-itemid-85364, 2008.

67 F.Kleemann: *Der chinesische Verhandlungsstil*. Fachhochschule Landshut, 2005, S. 18.

eine starke Verhandlungsposition einnehmen. Selbstsicherheit kann der Einkäufer durch folgende Merkmale erlangen, die für den Erfolg der Verhandlungsführung eine wichtige Rolle spielen[68]:

- Pünktlichkeit

Zunächst sollte der Einkäufer, besonders beim ersten Geschäftstreffen, pünktlich sein, da er durch eine Verspätung in eine eher ungünstige Position geraten könnte.

- Identifizierung des Entscheiders

Nur wenn die Person, die über den Ausgang der Verhandlung entscheiden darf, im Verhandlungsteam auftritt, erhält die Verhandlung einen Sinn. Ansonsten kostet die Verhandlung nur unnötig Zeit und der Einkäufer sollte das Gespräch so früh wie möglich beenden.

- Zielorientierung

Der Einkäufer sollte während der Verhandlung immer ein klares Ziel vor Augen haben, auf das er seine Verhandlungsstrategie ausrichtet, damit er nicht durch die Absichten des Lieferanten beeinflusst werden kann. Er sollte immer strategisch denken und seine Ziele wie etwa „Aufbau der langfristigen Win-Win-Beziehung" im Hinterkopf haben. Wenn der Einkäufer beispielsweise Preise durch bloße Marktmacht senkt, gewinnt er keine Partner, sondern schafft sich Feinde. Das ist in Zeiten der Globalisierung besonders problematisch, weil weit entferne Orte leichter zu erreichen sind. So kann es immer sein, dass Unternehmen zu einem späteren Zeitpunkt auf Unterstützung und damit auf verlässliche Partner vor Ort angewiesen sind. Auch wenn der Einkäufer der wichtigste Kunde des Lieferanten ist, birgt eine alleinige Senkung der Einkaufspreise große Gefahren. Wenn der Lieferant sich dem Druck beugt und die vom Ein-

---

68 *Verhandlungstaktiken in China* unter http://www.5ucom.com/downqy/cggl/231597.shtml, S. 5.

käufer geforderten Preise akzeptiert, kann dies dazu führen, dass das Qualitätsniveau sinkt und so durch Nachbesserungen oder Nachbestellungen die gesamten Kosten steigen[69].

- Respekt

Respekt ist einer der wichtigsten Bausteine für eine Vertrauensbasis. Wenn man sich den Respekt der Geschäftspartner verschaffen möchte, sollte man zuerst lernen, diese zu respektieren. So sollte der Einkäufer immer respektvoll mit dem chinesischen Lieferanten umgehen und ihm stets auf gleicher Augenhöhe begegnen, das heißt, dass Einkäufer nie hochnäsig sein oder mit einem abschätzigen Ton reden sollten. Dabei sollte der Einkäufer nicht zu direkt sein (z.B. bei Kritik oder Forderungen), um sein eigenes Gesicht und das der Verhandlungspartner zu wahren. Auch die Wahrung der Harmonie bildet einen zentralen Grundwert, welcher sich auch im Kommunikationsstil widerspiegelt. Während z.B. das Erheben der Stimme in westlichen Kulturen ein akzeptables Mittel der Kommunikation ist, das dazu dient, einer Aussage mehr Nachdruck zu verleihen, gilt das gleiche Mittel in China als eine inakzeptable Unbeherrschtheit, die einen Respektverlust bewirken kann[70].

Die Bedeutsamkeit des Respekts ist eng mit der chinesischen Geschichte verbunden. In der Vergangenheit wurden die Chinesen von Japanern und Europäern unterdrückt. Mit dem kontinuierlichen Wirtschaftserfolg wuchs der Nationalstolz der Chinesen. Deshalb hat das Wort Respekt für die Chinesen eine immens hohe Bedeutung. So kann ein deutscher Einkäufer durch hinlängliche und ausführliche Gesprächsvorbereitung den Respekt der chinesischen Lieferanten gewinnen.

---

[69] C. E. Dommasch: *Der Profi-Einkäufer.* Basiswissen und Arbeitsmethoden. Frankfurt/Main, 2000, S. 147.

[70] F.Kleemann: *Der chinesische Verhandlungsstil.* Fachhochschule Landshut, 2005, S. 19.

- Argumentation / Präsentation

Zu Beginn der Verhandlung mit Chinesen erwartet der Einkäufer eine PowerPoint-Präsentation mit einem ansprechenden Design, ähnlich wie in Deutschland. Als Besonderheit ist zu beachten, dass kein Argument vorangestellt werden sollte, auf das eine Begründung folgt, denn in China wird die Argumentation in umgekehrter Reihenfolge aufgebaut. So führt man in China über eine Vorgeschichte zum Argument hin[71]. Auf diese Weise soll der Zuhörende die Gelegenheit erhalten, sich eine eigene Meinung zu bilden. Das Niveau des Präsentationsdesigns chinesischer Präsentationen ist darüber hinaus ein anderes als das deutscher. Chinesen achten eher auf den Inhalt als auf das Präsentationsdesign. Für den Einkäufer ist es wichtig, das zu wissen, damit Missverständnisse vermieden werden können und der Einkäufer bei Ansicht der Präsentation des chinesischen Partners nicht davon ausgeht, dass dieser schlecht vorbereitet ist.

Der vorherige Abschnitt hat die Bedeutung der Selbstsicherheit aufgezeigt. Der Einkäufer kann nur selbstsicher auftreten, wenn er das Verhandlungsgespräch sehr gut vorbereitet hat, den Geschäftspartner bzw. seine Kultur respektiert und sich stets zielorientiert verhält. Selbstsicherheit ist für den Einkäufer also eine Voraussetzung für den Verhandlungserfolg.

4.2.5 Verhandlungstaktik

Wie bereits erwähnt, liegt das Ziel der Zusammenarbeit mit chinesischen Lieferanten im Aufbau einer langfristigen Win-Win-Beziehung. Dennoch steht natürlich die Maximierung des eigenen Profits im Vordergrund, wobei es sehr wichtig ist, einen Konsens zwischen den zwei Parteien zu finden. Im Normalfall entstehen Dissonanzen bei Verhandlungen, weil jede Partei versucht, ihren eigenen Profit zu maximieren. Bis letztlich eine Lösung (Win-Win-Situation) gefunden wird, kann es lange Diskussionen geben. Als professioneller Einkäufer sollte man in der Lage sein, die Ef-

[71] Ebd. S. 18.

fektivität des Verhandlungsprozesses zu steuern und zu erhöhen. Ein Mittel ist hier die Einteilung der Zeit bei der Verhandlung, denn Chinesen und Deutsche haben ein unterschiedliches Zeitverständnis. Deutsche besitzen ein rationales Zeitverständnis und in vielerlei Hinsicht gelten die Deutschen als Meister der Planung, besonders bei der Zeiteinteilung. So kann man in Deutschland anhand eines präzisen Fahrplans seine Zeit genau einteilen, und weiß, wann man z.B. morgens aus dem Haus gehen sollte, um die S-Bahn zu bekommen. Chinesen hingegen haben dagegen ein emotionales Zeitverständnis. Sie gehen davon aus, dass es eine gewisse Zeit benötigt, Lösungen zu finden. Wie lange dies tatsächlich dauert, ist eher nebensächlich. Für deutsche Einkäufer ist es deshalb wichtig, genug Geduld mitzubringen, d.h. sie sollten sich einerseits genug Zeit für den Lieferanten nehmen, dennoch aber versuchen, die Zeitplanung einzuhalten. Eine Möglichkeit, dieses Ziel zu erreichen, ist, dem Verhandlungspartner den Reiseplan bekanntzugeben, um ihn so unter Druck zu setzen und die Entscheidungsfindung zu beschleunigen.

Außerdem werden in China die alten chinesischen Kriegsweisheiten „36 Strategeme" von Sun Tzu häufig für globale Verhandlungen genutzt[72]. Sun Tzu, der ein berühmter chinesischer Militärphilosoph und erfolgreicher General war, verfasste ca. 500 Jahre v. Chr. die älteste strategisch-taktische Abhandlung über die Kriegslist. Sein heute immer noch aktueller und weltbekannter Best- und Longseller „Die Kunst des Krieges" ist eine Sammlung von Verhandlungs- und Führungsregeln zur Konfliktlösung, die sich über 5000 Jahre bewährt haben. Sie werden heute weltweit in allen Bereichen angewandt, u.a. mit Sun Tzus Credo:

> *„Wer sich selbst und seinen Gegner gut kennt, kann hundert Schlachten gewinnen"*

Wenn der Einkäufer beispielsweise die Strategie *„欲擒故纵 – Will man etwas fangen, muss man es zunächst loslassen"* gut anwenden kann, kann er einen Konsens mit seinem Partner möglicherweise schneller

---

72 *Die 36 Strategeme* unter http://lshuangbingye.blog.hexun.com/12893977d.html, 2007.

finden. Zu Beginn der Verhandlung versuchen zwei Parteien normalerweise, ihr eigenes Ziel zu erreichen und jeder denkt an seinen eigenen Profit. Während der Diskussion kann es immer wieder vorkommen, dass der Lieferant unerwartete Vorschläge macht, wie z.B. eine Erhöhung des Preises. Der Einkäufer sollte ihm in diesem Fall nicht gleich widersprechen oder vorschnell antworten. Er sollte sich stattdessen genug Zeit lassen und sich die Argumente des Lieferanten anhören. Als professioneller Einkäufer ist es also sehr wichtig, ein guter Zuhörer zu sein, denn je mehr Informationen man über den Partner herausfinden kann, desto besser ist die eigene Position in den folgenden Verhandlungen. Deshalb ist das Sprichwort „Reden ist Silber, Schweigen ist Gold“ in diesem Fall sehr bedeutend. Wenn der Einkäufer eine Schwäche des Lieferanten herausgefunden hat, kann er diese dazu benutzen, um mehr Profit zu erreichen. Es ist also sehr wichtig, Geduld zu haben. Hier gilt die Redewendung: „Eile mit Weile“!

Darüber hinaus kann man auch die Strategie “*围魏救赵 – Den Partner des Gegners belagern, um diesen indirekt anzugreifen*“ anwenden. Wenn z.B. der von dem Lieferanten vorgeschlagene Preis, den zu erreichen für diesen das Hauptziel der Verhandlung darstellt, für den Einkäufer tatsächlich akzeptabel ist und dieser sich stattdessen mehr für Qualitätskontrolle und Lieferbedingungen interessiert, dann sollte er das nicht gleich zu Anfang gegenüber dem Lieferanten zur Sprache bringen, weil er diese Nebenziele später besser durch indirekte Verhandlungen erreichen kann[73].

Der Einkäufer sollte dem Vorschlag des Lieferanten zunächst nicht gleich zustimmen, sondern versuchen, mit dem Lieferanten darüber zu diskutieren. So kann er seine Nebenziele als Tauschbedingungen mit dem Lieferanten verhandeln. So kann der Lieferant einerseits sein Gesicht wahren, und andererseits kann der Einkäufer sein eigenes Ziel erreichen.

---

[73] *Die 36 Strategeme und Strategiemanagement* unter http://bianhuaduo.blog.sohu.com/34110656.html

Diese alte Weisheit ist mit chinesischer Geschichte, Kultur, Mentalität und chinesischem Denken stark verbunden. Wer also mit Chinesen erfolgreiche Geschäfte abschließen möchte, sollte diese alte Weisheit gut kennen.

4.2.6 Diplomatie im Streitfall

Während der Verhandlung mit chinesischen Geschäftspartnern kann es zu Streitigkeiten kommen, auch wenn der Einkäufer sich auf die Verhandlungen sehr gut vorbereitet hat. Viele Streitfälle ergeben sich aufgrund unterschiedlicher Auffassungen von Verträgen. „Die juristische Durchsetzbarkeit von Verträgen ist meist schwierig, weil eine der deutschen ähnlichen Gerichtsbarkeit in China nicht existiert. Auch wenn ein Gericht zur Verfügung steht, enthalten Verträge oft nicht die für eine Entscheidung notwendigen Details."[74]

„Sollten wegen eines strittigen Punktes die Verhandlungen auf der Stelle treten und die gewünschten Erfolge nicht erreicht werden, dann sollte der Einkäufer gelassen bleiben und versuchen, das Gespräch oder die Verhandlung sachlich und konstruktiv weiter zu führen."[75] Er sollte aber auf keinen Fall das Harmonieprinzip verletzen und seine Unzufriedenheit direkt ausdrücken. Auch wenn sich trotz der Bemühungen beider Seiten kein Kompromiss finden lässt, besteht immer noch die Möglichkeit, einen Konsens, von dem aus die beiden Parteien Vertrauen aufbauen und gemeinsam eine Lösung finden können, zu erreichen[76].

Bei der Lösungsfindung sollte sich der Einkäufer also immer diplomatisch verhalten, damit er jederzeit den Kontakt wiederherstellen kann. Darüber hinaus ist es möglich, dass irgendwann der Zeitpunkt kommt, an dem der

---

74 F.Kleemann: *Der chinesische Verhandlungsstil.* Fachhochschule Landshut, 2005, S. 22.

75 E. C. Dommasch: *Der Profi-Einkäufer.* Basiswissen und Arbeitsmethoden. Frankfurt/Main, 2000, S. 151.

76 F.Kleemann: *Der chinesische Verhandlungsstil.* Fachhochschule Landshut, 2005, S. 23.

Einkäufer diesen Lieferanten unbedingt braucht[77]. Dies entspricht genau dem „Guanxi"-Konzept. Aber natürlich hängt es auch von der Verhandlungsstrategie des Einkäufers ab. Wenn aber der Aufbau einer langfristigen Geschäftsbeziehung nicht notwendig ist, kann der Einkäufer auch mal seinen Unmut zum Ausdruck bringen.

4.3 Vertragsabschluss

Nach mehreren Verhandlungsrunden wird in der Regel eine Übereinkunft zwischen den beiden Parteien erzielt, deren Bedingungen detailliert in einem Vertrag fixiert werden. Dabei sollte der Einkäufer beachten, dass die Auffassung von Verträgen in China und in Deutschland unterschiedlich ist. Die Pflicht zur Erfüllung von Vereinbarungen ist in China beziehungsorientiert und schriftliche Verträge spielen von jeher eine geringere Rolle. In Deutschland sichern Verträge vor einer Nichterfüllung von Vereinbarungen. Die Unterschrift unter einen Vertrag bedeutet den juristischen Schlusspunkt in Deutschland. „In China jedoch steht die Unterschrift für den Beginn eines gegenseitigen Abtastens, d.h. der Vertrag steht als Zeichen für den Beginn einer längerfristigen Partnerschaft, beinhaltet aber nicht die Fixierung aller Details (z.B. vereinbarte Preise)."[78] Chinesen sind sehr flexibel. Einzelheiten werden bei Änderung der Rahmenbedingungen seitens der Chinesen auch nach einer Vereinbarung flexibel gehandhabt. Es gilt „je weniger in einem Vertrag geregelt wird, desto mehr Spielraum ist vorhanden". [79] Außerdem hat ein Nicht-Einhalten der Vereinbarungen die Beschädigung des Gesichts (Mianzi) zur Folge, was genügend absichern sollte, um die Einhaltung von Vereinbarungen zu gewährleisten. Das verdeutlicht auch noch ein-

---

77 E. C. Dommasch: *Der Profi-Einkäufer*. Basiswissen und Arbeitsmethoden. Frankfurt/Main, 2000, S. 151.

78 F.Kleemann: *Der chinesische Verhandlungsstil*. Fachhochschule Landshut, 2005, S. 22.

79 M. Woesler: *Strategien und Taktiken der Vertrags-Verhandlung* unter http://martin.woesler.de/gcou_020.html, 2002.

mal, welch hohe Bedeutung das „Gesicht“ einer Person innerhalb der chinesischen Gesellschaft hat[80].

80 R. Gesteland: *Global Business Behaviour*: erfolgreiches Verhalten und Verhandeln im internationalen Geschäft, Zürich, 1999, S. 32.

5 Zusammenfassende Betrachtung und Fazit

In dieser Arbeit wurde gezeigt, welche Position die Beschaffung im ganzen Unternehmensbereich einnimmt. Außerdem ist deutlich geworden, warum immer mehr deutsche Unternehmen die benötigten Rohmaterialien bzw. Teilkomponenten weltweit einkaufen. Die chinesische Regierung bietet ausländischen Investoren zahlreiche günstige Bedingungen sowie eine gute Infrastruktur und ein günstiges Zollsystem. Es gibt in China ausreichend qualifizierte Arbeitskräfte und genug natürliche Ressourcen. Besonders durch die wirtschaftliche Zusammenarbeit zwischen China und Deutschland werden viele günstige Bedingungen, wie branchenbezogene Beschaffungsmarktforschung über China über „*bai*" oder die chinesische Botschaft geschaffen. Je mehr Informationen der Einkäufer sammelt, desto höher sind seine Chancen auf eine erfolgreiche Verhandlung.

Bei Verhandlungen ist es sehr wichtig zu wissen, worin die wesentlichen Unterschiede zwischen der chinesischen und der deutschen Verhandlungsführung bestehen. Zunächst ist das Sozialverhalten bei Chinesen und Deutschen unterschiedlich. In China spielen Harmonie, Vertrauen und Respekt eine wesentlich wichtigere Rolle als in Deutschland, wo mehr auf Inhalte Wert gelegt wird.

Unter dem Einfluss der unterschiedlichen kulturellen Entwicklung hat sich die Denkweise bei Chinesen und Deutschen unterschiedlich herausgebildet. Deutsche sind stark von westlich-europäischen Wertvorstellungen beeinflusst; sie sind direkt. Chinesen hingegen sind unter dem starken Einfluss der asiatischen Kultur indirekt und situativ. Für Angehörige westlicher Kulturen ergeben sich für die Anpassung an den chinesischen Verhandlungsstil einige Handlungsempfehlungen:

- Sympathie für China und Ehrlichkeit

Bei der Zusammenarbeit mit Chinesen ist es sehr wichtig, Sympathie für China und die chinesische Kultur zu empfinden. Wenn ein Einkäufer

Chinesen gar nicht mag, wird er kaum genug Geduld – besonders bei wiederholten Verhandlungen – aufbringen. Das könnte zum Gesichtsverlust des chinesischen Partners führen. Eine Win-Win-Beziehung aufzubauen, wird dann entsprechend erschwert.

- Gute Vorbereitung

Der Einkäufer sollte sehr gut vorbereitet sein, denn je detaillierter die von ihm zusammengetragenen Informationen sind, desto seltener können Fehler auftreten.

- Zeit, Geduld und Diplomatie

Verhandlungen mit Menschen aus verschiedenen Kulturen sind nicht einfach. Denn bis ein Konsens gefunden wird, kann es sehr lange dauern, auch wenn der Einkäufer sich vor der Verhandlung perfekt vorbereitet hat. Ein weiteres wichtiges Erfolgsrezept ist, sich für die Verhandlungen Zeit zu lassen und Geduld zu haben. Auch in Konfliktfällen sollten Einkäufer sich immer diplomatisch verhalten und dabei immer daran denken, dass es sinnvoller ist, einen neuen Freund anstelle eines neuen Feindes zu gewinnen. Deshalb darf der Einkäufer bei Verhandlungen mit Chinesen die Harmonie nicht verletzen.

- Konstante Kernmannschaft

Um eine nachhaltige und langfristige Zusammenarbeit mit chinesischen Lieferanten zu gewährleisten, sollte die Kernmannschaft der Verhandlungen von beiden Seiten konstant bleiben. Wenn die Kernmannschaft oft wechselt, kostet es viel Zeit und Geld, eine langfristige Beziehung aufzubauen. Ferner kann es zu Kommunikationsproblemen kommen, die beispielsweise zur Verspätung der Liefertermine oder zur Vertragsverletzung führen könnten; im schlimmsten Fall kann die mit Mühe aufgebaute Beziehung Schaden nehmen.

Literaturverzeichnis

Bücher

U. Arnold: *Beschaffungsmanagement*. Stuttgart, 1995.

U. Arnold: *Beschaffungsmanagement*. 2. Auflage, Stuttgart, 1997.

C. E. Dommasch: *Der Profi-Einkäufer*: Basiswissen und Arbeitsmethoden. Frankfurt / Main, 2000.

R. Gesteland: *Global Business Behaviour*: Erfolgreiches Verhalten und Verhandeln im internationalen Geschäft. Zürich, 1999.

Grabler Wirtschaftslexikon. 16. Auflage, Wiesbaden, 2004.

G. Hirschsteiner: *Einkaufs- und Beschaffungsmanagement*. 2. Auflage, Ludwigshafen, 2006.

F. Kleemann: *Der chinesische Verhandlungsstil*. Fachhochschule Landshut, 2005.

U. Koppelmann: *Beschaffungsmarketing*. Berlin, 2004.

H. Gienke, R. Kämpf: *Handbuch Produktion: Innovatives Produktionsmanagement*. München, 2007.

W. Krokowski, mit Fachbeiträgen von S. Regula, H. Braack, R. Stiemer, M. Rihlmann: *Globalisierung des Einkaufs*. Berlin, 1998.

Y. Liu: *Kulturelle Besonderheiten bei deutsch-chinesischen Verhandlungen von Unternehmen*. Leipzig, 2003.

R. Moritz: *Konfuzius*: Gespräche. Stuttgart, 1998.

M. E. Porter: *Competitive Strategy*. New York, 1980.

W. Pfeiffer, P. Bischoff: *Investitionsgüterabsatz*. Handwörterbuch der Absatzwirtschaft. Stuttgart, 1974.

H. Stark: *Beschaffungsführung*. Grundlagen marktkonformen und zielorientierten Verhaltens in der Beschaffung, 1973.

Online-Artikel

Außenwirtschaft aktuell unter http://cms.ihksaarland.de/ihk-saarland/Integrale?MODULE=Frontend.Media&ACTION=ViewMediaObject&Media.PK=975&Media.Object.ObjectType=full.

Beschaffung in China unter http://www.china-produkte.net/.

Beschaffung/Einkauf in China unter http://www.frankfurt-main.ihk.de/imperia/md/content/pdf/international/CCC_Info_EinkaufinChina.pdf.

A. Blume: *Verhandlungen*: Verhandlungen im Reich der Mitte unter http://www.pfalz.ihk24.de/, 2005.

Chinapedia unter http://www.wanshi-reisen.ch/Chinapedia.asp?page =2.

Chinesische Essenskultur unter http://my.icxo.com/?uid-253327-action-viewspace-itemid-85364, 2008.

Die 36 Strategeme unter http://lshuangbingye.blog.hexun.com/12893977d.html, 2007

Die 36 Strategeme und Strategiemanagement unter http://bianhuaduo.blog.sohu.com/34110656.html

DIHK: *Importe und Exporte Deutschlands 2004-2008* unter www.ihk.de, DIHK Statistik, 2007.

DIHK: *Importe und Exporte Deutschlands 2004-2008* unter www.ihk.de, DIHK Statistik, 2006.

H. Gienke, R. Kämpf: *Praxishandbuch Produktion* unter http://www.ebz-beratungszentrum.de/logistikseiten/artikel /liefermgmt.html, München, 2006.

Informationen über den chinesischen Beschaffungsmarkt unter www.chinahandelsinfo.de.

F. Klug: *Beschaffungslogistik* unter www.bw.fh-muenchen.de/getdokuments.php?dokumentid=240.

Konfuzius unter www.whoswho.de/templ/te_bio.php?PID=674&RID=1.

C. Krätschmer: *Logistische Aspekte einer zentralen/dezentralen e-Procurementabwicklung für eine Region* unter http://www.hausarbeiten.de/faecher/vorschau/34763.html.

Huang: *Das interkulturell-kompetente Verhalten gegenüber chinesischen Geschäftspartner* unter http://ixpatriate.de/erfahrungsberichte/kulturelle-besonderheiten/das-interkulturell-kompetente-verhalten-gegenueber-chinesischen-geschaeftspa.html?Itemid=48.

A. Kuthe: *Beschaffung* unter www.infoportal.fh-nuertingen.de, 2003.

Kultureller Faktor Mianzi bei der Verhandlung unter http://club.china.alibaba.com/club/post/view/40_8194492.html.

L. Liu: *Unterschiede zwischen 70er und 80er* unter http://www.xyshjj.cn/Article/xwzx/jyzd/200805/20080519094544.html

N. Ma: *Beschaffungsrisiko in China* unter http://blog.china.alibaba.com/blog/tangchengzao/chapter/i195861-p1.html

M. Röll. *Einführung in E-Business* unter http://www.roell.net/materialien/ebusiness-eprocurement-grafiken.shtml, Berufsakademie Dresden 2003

M. Woesler: *Strategien und Taktiken der Vertrags-Verhandlung* unter http://martin.woesler.de/gcou_020.html, 2002

F. Zh: *Unterschiede zwischen Deutschen und Chinesen* unter http://news.21cn.com/luntan/2007/10/16/3743624.shtml, 2007

Report of NERI 2008 unter http://www.neri.org.cn/analysis/mac200808.pdf

Die Reform des Wechselkurssystems unter http://www.china.com.cn/economic/zhuanti/rmbsz/node_5921911.htm

Statistik-China Botschaft unter http://www.china-botschaft.de.

Verhandlungstaktiken in China unter http://www.5ucom.com/downqy/cggl/231597.shtml

Vor-/Nachteile zwischen zentraler und dezentraler Beschaffung unter http://www.ifw-wissen.net/50867895dc121d701/50867895dc12cd312/index.php

AUSSENHANDELSPOLITIK UND -PRAXIS

Herausgegeben von Prof. Dr. Jörn Altmann

ISSN 1614-3582

1 *Anja Marx*
Außenhandel mit Italien
Ein Exportratgeber für deutsche Unternehmen
ISBN 3-89821-072-3

2 *Quynh Anh Dang*
Foreign Direct Investment in Vietnam
Chancen und Risiken für ausländische Investoren im vietnamesischen Markt
ISBN 3-89821-260-2

3 *Jürgen Neuberger*
Gesellschaftsformen in Europa und den USA im Vergleich
ISBN 3-89821-311-0

4 *Thomas Steffen*
Japan im Wandel
Chancen, Risiken und Erfolgsfaktoren für ausländische Unternehmen
ISBN 3-89821-298-X

5 *Thomas Wölfel*
Marken- und Produktpiraterie
Eine Studie zu Erscheinungsformen und Bekämpfungsmöglichkeiten
ISBN 3-89821-284-X

6 *Imke Heinrich*
Markenführung als strategischer Erfolgsfaktor
ISBN 3-89821-351-X

7 *Albrecht Neumann*
Kulturspezifische Probleme in deutsch-russischen Wirtschaftsbeziehungen
Das Beispiel Siemens Business Services in Moskau
ISBN 3-89821-408-7

8 *Tanja Fuß*
Negotations with the Japanese
Overcoming Intercultural Communication Hurdles
ISBN 3-89821-420-6

9 *Verena Ohms*
Rechnungslegung national und international
Eine vergleichende Darstellung der Rechnungslegungsgrundsätze nach HGB und IFRS
ISBN 3-89821-520-2

10 *Verena Ohms*
Konzernabschlüsse national und international
Eine vergleichende Darstellung der Konzernrechnungslegung nach HGB und IFRS
ISBN 3-89821-521-0

11 *Astrid Zippel*
EU-Förderprogramme für kleine und mittelständische Unternehmen
Ein Ratgeber
ISBN 3-89821-704-3

12 *Nicole Daiker*
Risikomanagement im Zollbereich
unter besonderer Berücksichtigung des zugelassenen Wirtschaftsbeteiligten
ISBN 978-3-89821-897-9

13 *Ying Sun*
Beschaffung in China
Ein Ratgeber für optimale Verhandlungen mit chinesischen Lieferanten
ISBN 978-3-8382-0002-6

Abonnement

Hiermit abonniere ich die Reihe **Außenhandelspolitik- und praxis (ISSN 1614-3582),** herausgegeben von Prof. Dr. Jörn Altmann,

❒ ab Band # 1

❒ ab Band # ___

❒ Außerdem bestelle ich folgende der bereits erschienenen Bände:

#___, ___, ___, ___, ___, ___, ___, ___, ___, ___, ___, ___

❒ ab der nächsten Neuerscheinung

❒ Außerdem bestelle ich folgende der bereits erschienenen Bände:

#___, ___, ___, ___, ___, ___, ___, ___, ___, ___, ___, ___

❒ 1 Ausgabe pro Band ODER ❒ ___ Ausgaben pro Band

Bitte senden Sie meine Bücher zur versandkostenfreien Lieferung innerhalb Deutschlands an folgende Anschrift:

Vorname, Name: ______________________________

Straße, Hausnr.: ______________________________

PLZ, Ort: ______________________________

Tel. (für Rückfragen): ________________ *Datum, Unterschrift:* ________________

Zahlungsart

❒ *ich möchte per Rechnung zahlen*

❒ *ich möchte per Lastschrift zahlen*

bei Zahlung per Lastschrift bitte ausfüllen:

Kontoinhaber: ______________________________

Kreditinstitut: ______________________________

Kontonummer: ________________ Bankleitzahl: ________________

Hiermit ermächtige ich jederzeit widerruflich den *ibidem*-Verlag, die fälligen Zahlungen für mein Abonnement der Reihe **Außenhandelspolitik und -praxis** von meinem oben genannten Konto per Lastschrift abzubuchen.

Datum, Unterschrift: ______________________________

Abonnementformular entweder **per Fax** senden an: **0511 / 262 2201** oder 0711 / 800 1889
oder als **Brief** an: *ibidem*-Verlag, Julius-Leber Weg 11, 30459 Hannover oder
als **e-mail** an: **ibidem@ibidem-verlag.de**

***ibidem*-Verlag**

Melchiorstr. 15

D-70439 Stuttgart

info@ibidem-verlag.de

www.ibidem-verlag.de
www.ibidem.eu
www.edition-noema.de
www.autorenbetreuung.de

Zeitfracht Medien GmbH
Ferdinand-Jühlke-Straße 7
99095 Erfurt, Deutschland
produktsicherheit@kolibri360.de